U0118340

周璞初

2025

蛇年運程

目錄

序

目錄

周凡夫師傅 序

姪兒璞初在玄學上一直非常努力。近年漸被業界及廣大客戶認同，反應甚好成績是大家有目共睹的。中國玄學博大精深學無止境！璞初學習路上非常用心，雖有少許家傳之術仍自知不足，所以博覽群書把前人古藉知識融會貫通並時常溫故知新。加上近年實踐經驗成績突破，不論八字論命或風水佈局均有獨特見解。效果不俗成績漸見，客人良好反應就是其表現之認同。此乃作為長輩樂見之事，還望百尺竿頭更進一步發揚中國玄學術數文化。

在此祝新書風行大賣，

一眾讀者可開卷有益。

周凡夫

李丞責博士　序

璞初弟為人聰穎勤學、仁厚有禮。

得知璞初弟執筆出版流年運程書作，以其玄學努力，相信定必能為更多讀者指點迷津。

特此筆序予以支持鼓勵，希望璞初著作為玄學界帶來更多光輝歲月，讀者受用。

香港著名KOL素食教煮 Ken Kwong 序

風水命理對我來說是一個統計及邏輯學的結合。

好的風水命理書總可以讓人趨吉避凶，就好像一本好的食譜書能讓人煮出一道道回味無窮的好菜色。

周師傅世代相傳的玄學術數，加上他個人的細心分析及鑽研，將各種玄學的知識結集成書與讀者分享，必定是一本非常精華及理論並重的風水命理工具書！

在此衷心祝福周師傅出版順利，造福人群，如意吉祥！

Ken Kwong

香港著名節目主持人 Kawaii 序

一天「周凡夫師傅」聚餐的時候跟我說，他的姪兒「周璞初」師丞家族出來為人算命，希望給多些人認識。我立刻上網搜尋「周璞初」，原來是個年青又能面對傳媒的帥哥，剛好那段時間我為二〇二〇年亞洲小姐競選做宣傳，初次認識便邀請「周璞初」網上直播算出五位大機會得獎的佳麗，他二話不說接受挑戰，最後他直播選出來的佳麗，在競選中真的全部有獎。要知道在直播中大膽預測，要有一定的功力，有什麼差池都會給人「抽後腳」。

「周璞初」又非一般的想出「七色花水」，這位年青師傅不是賣風水擺件，而是創出自己新的一面。

我在電台當DJ和外面主持活動那麼多年，接觸過不少玄學師傅，「周璞初」是我其中一位欣賞的玄學師傅。

希望他以後不會厭我煩，常常「碌佢卡」即時挑戰他為藝人和娛樂圈事情算一算。

香港節目主持及經理人

Kawaii

余迪偉 序

咁多本，任你揀，你揀到呢本，證明你已經開始行運啦！

著名節目主持人 @ 余迪偉

肥腸 序

謝　天地人和
謝　周璞初師傅
借個位置 祝大家福慧雙增

著名演員 @ 肥腸

盧信宥 Ash 序

璞初師傅
字字珠璣
明燈指引

著名歌手 @Ash 盧信宥

思敏 序

【行運者頭髮必不褪色】是首見璞初師傅時送我的好運錦囊。知道書中還有更多行運方法，感謝師傅傾囊相授。

新城電台主持 @ 思敏

關伊彤 序

“

緣份比我認識到璞初師傅，多謝你的指引，令我得到了方向。

著名藝人 @ 關伊彤

”

張啟樂 序

“

人生遇有難困時，如未能自理，可參考周師傅的字句，或能找到指引，理解人生。

著名藝人 @ 張啟樂

”

前言

千萬不要將自己的生肖搞錯

現在很多人都不知道十二生肖屬相是按照陽曆還是陰曆算出來的，連自己的生肖都搞不清楚。

十二生肖稱為十二年獸，在中國的曆法上有十二隻年獸依次輪流當值，所以我們的中國年就有以鼠、牛、虎、兔、龍、蛇、馬、羊、猴、雞、狗和豬應用在曆法上，所以應該算干支曆，不能算農曆。根據中國曆法，屬相按立春劃分。

兩個生肖的劃分，既不是以新曆的一月一日為界限，也不是以農曆的正月初一為界限，而是以廿四節氣中的立春節氣為界限中國黃曆以立春確定生肖。「農曆」是漢代開始使用的「太陰曆」，新年是立春為界，立春是二十四節氣之首，生肖以立春為準。

二〇二五年立春之日，即二月三日下午十時十分，就是乙巳年的開始。

即是民間所叫的「蛇年」。很多人以為正月初一是生肖轉換之日，其實乙巳蛇年的開始是在新曆二月三日晚上，在這之前出生的仍是甲辰龍年。不只普通市民誤解「正月初一」等於轉生肖，甚至每年傳媒報道所謂「第一位搶閘BB」都有機會出錯。

周璞初師傅個人簡介

風水命理理論源於中國古代，經過千年傳承，已形成門派林立之局面，風水命理術不再是迷信，是環境學亦是人與大自然之間的微妙關係。

周師傅一直致力將風水命理概念融入現代生活，使堪輿命理更年輕化，秉承傳統概念，再配合上新派現代理念，令「風水命理」四字與時並進，不再古舊。

周璞初師傅，祖籍廣東新會大澤鎮，祖上歷代曾出數位朝廷欽天監，世代相傳的堪輿命理之術更收錄成書。

自幼受長輩熏陶博覽群書，對玄學術數產生濃厚興趣，尤其對子平八字等術數甚有研究，精於推算姻緣。

多年來常接受媒體訪問，包括恐怖在線、D100電台「魅影空間」、蘋果日報及香港愛心連線「尋找品牌的故事」等，希望以年青新派角度，幫助有緣人趨吉避凶。

周璞初風水命理

工作預約

+852 9027-0655

九龍尖沙咀漆咸道南 87-105 號
百利商業中心 6 樓 618 室

https://chowpcfengshui.com

chowpcfengshui@gmail.com

@ 周璞初 @chowpcfengshui

第一章

乙巳蛇年
立春八字預測

乙巳蛇年立春八字

二〇二五年立春之日，即二月三日下午十時十分，就是乙巳年的開始。即是民間所叫的「蛇年」。

時柱	日柱	月柱	年柱
比肩	日主	正官	食神
癸 (水)	癸 (水)	戊 (土)	乙 (木)
亥 (水)	卯 木	寅 (木)	巳 (火)
劫財 壬 (水)	食神 乙 (木)	傷官 甲 (木)	正財 丙 (火)
傷官 甲 (木)		正財 丙 (火)	正官 戊 (土)
		正官 戊 (土)	正印 庚 (金)

乙巳蛇年【農曆・西曆】對照表

干支	農曆	西曆
戊寅	農曆正月	西曆25年2月3日至25年3月4日
己卯	農曆二月	西曆25年3月5日至25年4月3日
庚辰	農曆三月	西曆25年4月4日至25年5月4日
辛巳	農曆四月	西曆25年5月5日至25年6月4日
壬午	農曆五月	西曆25年6月5日至25年7月6日
癸未	農曆六月	西曆25年7月7日至25年8月6日
甲申	農曆七月	西曆25年8月7日至25年9月6日
乙酉	農曆八月	西曆25年9月7日至25年10月7日
丙戌	農曆九月	西曆25年10月8日至25年11月6日
丁亥	農曆十月	西曆25年11月7日至25年12月6日
戊子	農曆十一月	西曆25年12月7日至26年1月4日
己丑	農曆十二月	西曆26年1月5日至26年2月3日

乙巳蛇年九宮飛星圖

“二〇二五乙巳蛇年二黑按洛書排佈入中宮，其餘按照洛書數序飛移飛星排佈是一白臨東南、三碧臨西北、四綠臨正西、五黃臨東北、六白臨正南、七赤臨正北、八白臨西南及九紫臨正東。”

一白 桃花位 東南	六白 偏財位 正南	八白 正財位 西南
九紫 喜慶位 正東	二黑 病符位 中宮	四綠 文昌位 正西
五黃 凶災位 東北	七赤 破財位 正北	三碧 是非位 西北

二〇二五年乙巳蛇年預測

計算一個人的運程需要準確出生資料，如要推算香港運勢也等同為他算命一樣，應該用該年立春日的轉換時刻作八字推算，再配合各方位的吉凶，來預測發展。經過甲辰年我的預測指出樓市會下滑、飛機、車、船意外多等果真應兆。

今年乙巳年立春，在八字排列為：「乙巳年．戊寅月．癸卯日．癸亥時」。八字顯示：

（一）國際紛爭、戰爭持續不斷。
（二）金融危機，外幣格價下跌
（三）飛機、車、船意外多。
（四）市區出現大停電、大火災。
（五）大批移民回流潮出現。
（六）騙案頻生，大家應小心提防。

（七）演藝或體育界有知名巨星殞落。

（八）歐洲西北方出現天災。

（九）失業率高企。

第二章

乙巳蛇年犯太歲

如何應對犯太歲？

生肖屬相	蛇
太歲名稱	吳遂星君
太歲方位	東南方
歲破方位	西北方
犯太歲生肖	蛇、豬、虎、猴

隨著新的一年到來，每個人也都會有新的計劃付諸實施。不過對於犯太歲的朋友來說，卻有了很多的顧忌。譬如有些人受制於太歲帶來的負面影響，不敢出去發展或者投資、換工作等等。

一些準備裝修或者蓋房子的人，也會因此而暫停計劃。在這樣的情況下，我們就更加需要瞭解一下太歲方位在哪裡，以免在日常生活中觸碰到禁忌。

下面就來看看，二〇二五年的太歲方位在哪裡，應該如何化解。

二〇二五年太歲方位在哪裡？

二〇二五年為乙巳蛇年，這一年太歲方位在東南方位，歲破方在西北方位，因此各個犯太歲的生肖屬相在二〇二五年裡，要適當規避這兩個方位，在日常生活中也要注意太歲位的整理，以免觸碰到禁忌，影響自身運勢穩定。

太歲位的風水禁忌與注意：

一・避免重物壓制

在二〇二五年犯太歲的生肖要尤其注意，不管是辦公室還是家中，都不要有重物壓在太歲位上面。

如果是辦公桌或者書櫃、床鋪、沙發等傢具放在上面，一定要及時挪開位置。

如果沒有多餘的地方可以擺放，那麼就可以在上面放一些吉祥物，以此來化解煞氣，避免出現負面作用。

二・保持乾淨整潔

太歲位一定要保持乾淨整潔，在新的一年裡做到經常打掃，保持明亮的光線。如果經常把雜物或者垃圾對方在上面，時間長了也會引發危機。尤其是犯太歲的屬相，在二〇二五年更應該注意多多打理太歲位，切勿隨意對待。

二〇二五年如何化解太歲危害？

一・躲太歲

民間關於犯太歲有很多化解的辦法。建議犯太歲的生肖屬相在二〇二五年的立春來臨之際躲太歲。

因為每年的立春都是太歲交接的時候，此時犯太歲的生肖屬相在立春這天應注意不與人爭吵，盡量不外出在家裡待一天，這樣方可避免太歲帶來的危害。

二・穿紅衣

本命年犯太歲的時候，人們在穿戴方面也有很多講究。紅色一直以來都是吉祥喜慶的象徵，在本命年裡佩戴還有闢邪轉運的效果。

因此在二〇二五年裡，犯太歲的人們可以選擇穿紅色的衣服，以此來起到遠離霉運，增財旺運的效果，像紅色大衣、內衣褲、襪子等等等都是可以。

在家居佈置上，立春也可以適當增加紅色元素，比如掛放中國結、貼福字，使用紅色地毯、桌墊等等，都可為家居增添更多吉利氣息。

三・注意謹言慎行

除了以上這些方式之外，大家在遇到犯太歲的年份時，還要注意謹言慎行，平時在與人溝通交流的過程中，多多注意說話的方式。

遇到是非糾紛的時候，也要盡量包容忍讓，不要與人斤斤計較，免得發生口角摩擦，否則不僅會給心情帶來負面的影響，還會導致事業和財運受到牽連。

總之，在二〇二五年期間，建議易受太歲干擾的朋友盡量低調謹慎，凡事多聽取他人的意見，將能避免很多不必要的錯誤。

犯太歲的生肖【蛇、豬、虎、猴】

進入二〇二五年，犯太歲的生肖相屬相總共有四個，分別是【屬蛇人、屬豬人、屬虎人及屬猴人。】

雖然都是犯太歲，但是將其進行對比的話，每個人犯太歲的嚴重程度有所不同，應該區別對待。

下面就來具體瞭解一下，乙巳年犯太歲最凶的四大生肖。

一・屬蛇人犯【值】太歲

屬蛇人在二〇二五年犯太歲的程度，當然是最嚴重的。因為不僅本命年值太歲，綜合運勢會一落千丈，生活會陷入可怕的深淵之中。

屬蛇人在二〇二五年間，會進入到自己的本命年中，處在「值太歲」的年份，這期間屬蛇人遇事不順，極為渴望收穫成功，但每次都會以失敗告終，讓屬蛇人會感到特別的氣餒，屬蛇人需要打起精神，即便面臨著巨大的挫折與挑戰，也需要不停的奮進，若缺乏鬥志，往往會讓其陷入到極為不利的局面中。

二・屬豬人犯【沖】太歲

屬豬人在二〇二五年蛇年間，處在「沖太歲」的年份中，是犯太歲中最為嚴重的一種，正常情況下，一旦處在衝太歲的年分內，勢必會發生很大的轉變，會導致運勢發展的特別不理想，財運、健康運勢以及感情運勢都會受到較為嚴重的影響。

情緒會變得特別低落，會面臨著嚴重的破財危機，需要屬豬人提高警惕心。

三・屬虎人犯【刑、害】太歲

屬虎人在二〇二五年處在刑太歲及害太歲的年份中，太歲是一年內最大的歲君，有著神通廣大的能力，所以，被刑太歲及害太歲所影響的屬虎人，往往會導致人際交往關係變得特別緊張，容易被小人所陷害，情緒陷入到緊張的環境中，但好在這期間能得到吉星的助力，需要用樂觀的心態去面對。

四・屬猴人犯【破、刑】太歲

屬猴人在二〇二五年蛇年間，處在破太歲及刑太歲的年份，在十二生肖中，有著虎刑蛇、蛇刑猴、猴刑虎的關係，所以屬猴人進入到蛇年間，就會面臨著刑太歲及破太歲的影響！

屬猴人與屬蛇之間既存在著相刑也存在著相合的關係，能得到吉星的鼎力相助。

但還是需要看管好個人的錢財，以免產生嚴重的破財危機，陷入入不敷出的境地裡。

犯太歲化解之方法

一・沖喜

古人說「太歲當頭坐，無喜必有禍」，又說「一喜擋三災」。其實用上「災禍」兩字又未免太嚴重，但犯太歲的人，如能在同一年籌辦喜事，的確可以將壞影響減至最低。

各種喜事中尤以結婚、生兒育女及置業等最佳，但這些人生大事很難刻意「製造」，所以不妨透過其他喜慶事如上契、壽宴等沖喜。

另外，不時出席喜慶活動及多吃喜慶食品都可略為提升運勢，但犯太歲者碰上探病問喪便可免則免。

二・佩戴生肖飾物

傳統上犯太歲者都會佩戴生肖飾物來化煞，其實沒有犯太歲者都可佩戴。

蛇：宜貼身佩戴【猴形】之飾物

豬：宜貼身佩戴【虎形】之飾物
虎：宜貼身佩戴【馬形】之飾物
猴：宜貼身佩戴【龍形】之飾物

三・拜太歲

拜太歲是常見的化煞解厄方法。所以下是太歲參拜注意事項：

必須先還太歲再攝太歲

去年曾攝太歲的人士應先「還太歲」再「攝太歲」，「還太歲」應該在立春前完成。

準備太歲衣／祭品

不同廟宇對攝太歲有不同做法，一般而言，入廟前要先預備香燭及買太歲衣或祈福衣紙。

按照太歲衣紙上的說明、步驟和表格，填寫犯太歲者的藉貫、名字、出生年月日（農曆）、住址和拜太歲的日期。

攝太歲時亦可攜同好意頭的水果、糖果祭品，例如：蘋果寓意平安、柑寓意黃金滿屋、提子諧音提錢、碌柚象徵有財祿、香蕉寓意招財進寶。水果宜準備每款一對。

拜太歲的衣著

善信拜太歲時要心平氣和，態度必須恭敬誠懇。女士不宜著短褲或低胸衫，以示對菩薩的尊重。

攝太歲的流程

入廟後先拜當年的太歲大將軍，然後拜自己出生年份的太歲，之後向其餘五十八太歲逐一上香。

第三章

三元九運
下元九運專題

【三元九運】下元九運專題

人人都說九運，究竟什麼是九運？

這種天體運行規律循環往復，永不改變。

古人洞悉這一天機，創立了劃分時間的「三元九運」體系：以一百八十年作為一個正元，每一正元分為上元、中元、下元；每元六十年，再分為三個運，每運為二十年，即上元是一運、二運、三運，中元是四運、五運、六運，下元是七運、八運、九運。

三元九運每一元為六十年，即干支紀年的一個循環，又叫一甲子。

列對應關係如下：

上元一運甲子癸未二十年，配合一白，叫一白運。

上元二運甲申癸卯二十年，配合二黑，叫二黑運。

上元三運甲辰癸亥二十年，配合三碧，叫三碧運。

中元一運甲子癸未二十年，配合四綠，叫四綠運。

中元二運甲申癸卯二十年，配合五黃，叫五黃運。

中元三運甲辰癸亥二十年，配合六白，叫六白運。

下元一運甲子癸未二十年，配合七赤，叫七赤運。

下元二運甲申癸卯二十年，配合八白，叫八白運。

下元三運甲辰癸亥二十年，配合九紫，叫九紫運。

回顧下元八運的歷史

二〇〇四至二〇二三年香港由七運轉入八運，由八白星主事，艮卦屬土，大利地產及建築業，期間雖然有二〇〇九年金融危機發生，但中國經濟及樓市急速發展、亦順帶令香港樓價屢創新高，地產商豬籠入水，納米樓起到成行成市，及後covid新冠疫情二〇一九年出現，缺乏內地及外資投入，西方俄烏戰爭以及美國進入加息週期，喺港元同美金掛鈎之下，香港樓市交投大受打擊，導致樓價下滑、百業蕭條。

下元九運特點

二〇二四年開始下元九運屬九紫離卦，五行屬火，後天方位為南方，香港位屬南方，以土為本，以水為財，香港由八運轉入九運有利於屬火嘅行業，正所謂曰「女就怕嫁錯郎，男就怕入錯行」。

想知道未來二〇年順風順水的行業，轉工前請留意以下：

香港九運有利行業

（一）火系行業　酒、油、氣體（如煤氣）、熔鑄、電鍍、化工學類

（二）光系行業　放射行業、燈光照明、光學類別、視光師

（三）專業行業　演藝人士、演說行業、評論家

（四）熱飲食行業　明火餐廳、食品加工、酒吧、火鍋店

（五）手藝行業　化妝師、美容、理髮、創意手工藝、維修

（六）資訊科技業　程式編寫員、網絡商供應商、電子商務、網店

下元九運投資方向

九運投資部署方面，下元九運甲辰至癸亥年，配合九紫星，大家可以優先投資五行屬火的板塊，包括：太陽能量或能源系股票板塊有機會跑出，如石油、太陽能行業、科技及演藝娛樂等等。

下元九運的香港風水

風水九運由二〇二四至二〇四三年，期間凡一個地區的北面見水為旺財，南面見山為旺丁。香港有灣仔、銅鑼灣、中環等地，即係香港島沿岸地區，新界有北大嶼山、東涌，馬鞍山、白石角同天水圍等。

零正是第一法則，九運最重要的方位是正南與正北，因正南見山利丁，等如八運之東北見山北見水利財，等如八運之西南見水，所以在九運或預備運，南北最好都不要缺角。圖則大缺南北，即不利財，也不利人事、健康、人丁和洽，無論做生意，打工、退休也不適合，讀者可舉一反三。以香港過去的發展來印證，七運零正利東方見水，西方見山，香港島的東區逐漸興旺，以前港島東是平民區，財星（東方見水）落在平民區，即利平民上位，利財富轉移，屋苑如太古城和杏花村的樓價持續上漲，轉型後的九龍舊觀塘工業區亦甚為興盛（因八運東方見水為次神水）。

香港人想安居樂業就要順勢而行，宏觀地看香港地運亦隨三元九運格局的轉變而改變，通常地運一轉，香港樓市同經濟都會向下，但所謂有危就有機，二〇二四年前轉地運有機會締造置業良機，直至二〇二三年第一季，樓市普遍呎價都調整咗一至兩成，選址方面最好北面見水（旺財）、南面見山（旺丁），想旺財又旺丁可能要買夠兩間屋喇，香港踏入九運樓市旺港島區北面包括中環、灣仔、銅鑼灣等；新界可選元朗、上水、馬鞍山、白石角、東涌等，有置業買樓計劃的朋友就可以多留意這些地方。

第四章

乙巳蛇年
增運秘笈六法

增運秘笈六法

一・七色花水

中國傳統習俗可說是生活智慧的縮影，到今時今日對日常生活亦可有一定的啟發及幫助。

用碌柚葉水洗霉氣的習俗或多或少都聽過或試過，那沖「花浴」這傳統呢？

「花浴」顧名思意就是以花瓣沐浴，就正如在電視劇裡常見的宮庭貴妃出浴一樣，在浴池裡放進花瓣沐浴淨身！而相傳以七種不同顏色花卉沐浴能增強個人氣場，以天然花朵的生氣靈氣充充正能量，帶來好運。

時至今天市場上已有不少改良應運而生，例如七色花水噴霧等等，而效果相當顯著有效，大家不妨試試。

【七色花水典故】

每個人出生後就如海綿般，不斷吸收身邊的氣場，日積月累之下，人體便會累積來自四方八面的負能量和不良磁場，不知不覺間便會減少好運氣。

用七色花水潔淨可去除人體身上的霉氣，換上好氣場，達至加強運勢添財增姻緣的效果。在古時有指花朵汲取天地間之靈氣、集日月之精華，故花朵是有靈性和生命力的。

如果你感到運氣不好、工作不順、人緣欠佳等，就可以用「七色花水」幫助自己吸收正能量。

排出積聚下來的霉氣，換取來自鮮花的生氣和靈氣，不知不覺間便會產生了交換氣場的良性作用。

二．熱鬧地添旺氣

如果覺得近來運氣不佳，感到沒有甚麼好事發生兼人緣似乎有轉差的情況，就應該要讓人氣旺一點。

想讓人氣增運，有一個小秘法，就是去一些人流極多的地方，例如：商場、大學、香火旺的寺廟、人多的旅游景點、大型演唱會等人氣極旺的地方走一轉，即有增旺氣的好處，但千萬別往醫院。

三．抱抱嬰兒增福

抱抱嬰兒其實也是加強運勢的一種方法，玄學上認為嬰兒的元氣旺盛，抱抱幸福開心的小嬰兒就有增強好運的力量，可以讓感情、事業、財運、學業、健康運都有變得更美好的可能。

四．眼神交流

在街上或工作期間，遇上感覺良好的人時，可以嘗試定神望向對方，若對方竟然回望，則可以和對方繼續作出眼神交流，這是一種增強吸引力的小秘技，特別是有利於當小人物遇上大老闆，推銷員遇上客人的時候，更是增運的一個關鍵方法。

五．赤腳去接地氣

大城市裏很多人都是住在高樓大廈，平時難以接收地氣，增運的其中一個小秘法，就是到平地上脫掉鞋子，直接站在土地上接地氣，借此方法可以釋放負能量。

如果可能的話，最好是到野外清靜之地住幾天，以赤腳踩沙灘、石春路、草地等，既能去掉煩惱，亦可以增加好運。

六・環抱大樹增陽氣

環抱大樹有增加個人氣場的力量，中國人自古以來都相信樹是通靈的，所以抱大樹吸靈氣，確實有增加運氣的可能性。

不過，有一點必需注意，就是抱樹吸陽氣，必需在下午三點前進行，否則不僅不能增加氣場，反而可能會被吸走元氣，百年以上的古樹能量更是特別強。

第五章

乙巳蛇年
十二生肖運程

肖【蛇】者出生年份			
一九二九年	己巳年	一九四一年	辛巳年
一九五三年	癸巳年	一九六五年	乙巳年
一九七七年	丁巳年	一九八九年	己巳年
二○○一年	辛巳年	二○一三年	癸巳年

屬【蛇】二〇二五年大運

今年為肖蛇者為犯太歲的本命年，正所謂「太歲當頭坐，無喜恐有禍」，值太歲之年容易出現不同的變化，倘若能進行喜事沖喜，例如結婚、添丁、置業或創業，則能主動應驗犯太歲的變化以作沖喜之用，並可減少犯太歲的影響。

吉星方面今年有「八座」、「歲駕」、「金輿」及「天解」吉星高照，「八座」吉星，寓意貴人相助有遇難呈祥的意思。「歲駕」代表古時候皇帝出巡，可在工作上得到別人認同。而且在「金輿」吉星拱照下，寓意財源滾滾而來。

雖然吉星眾多，但仍不可忽視凶星之力量，凶星方面有「劍鋒」、「伏屍」、「血刃」、「浮沉」等凶星入主，「劍鋒」星代表容易因金屬受傷，要注意交通安全。

「血刃」及「浮沉」凶星暗伏，主有小意外及血光之災，不宜進行任何高危險性的活動，以免發生意外。

「伏屍」星代表家宅運欠佳，可以為家中更換家具、進行小型裝修來提升運勢。在本命年及凶星的影響下，易有開刀破相之險，可在主動洗牙或捐血以應血光之災。

總言之，肖蛇者今年健康運及家宅運欠佳，可在立春後到相熟廟宇攝太歲，有望減輕犯太歲的影響。

不同年份肖【蛇】運程

一九二九年：己巳年
今屆高壽健康明顯轉差。要小心身體健康。

一九四一年：辛巳年
今年宜守不宜攻，注意飲食有手術風險。

一九五三年：癸巳年
今年破財，投資不可太大意。慎防借貸而破財。

一九六五年：乙巳年
今年為人生重要的關口年，健康、財運均容易出現變化。

一九七七年：丁巳年

與伴侶相處欠和諧，經常為了小事而爭執不斷，長久下去兩人關係漸行漸遠。

一九八九年：己巳年

「感情關口年」為容易出現感情變化的年份。已有穩定交往對象的朋友，可考慮在今年落實婚約。

二〇〇一年：辛巳年

單身的男女要帶眼識人；情侶則須提防牆外桃花。

二〇一三年：癸巳年

今年迷惘之年性格叛逆，有時不尊敬師長，宜戒之勉之學。

肖【蛇】整體運勢

屬蛇二〇二五年【事業】運勢

事業發展理想的一年，今年有「八座」、「天解」及「歲駕」吉星到臨，均在工作得益。

在「八座」及「天解」吉星的拱照下，事業將取得良好進展，打工一族能大權在握、扶搖直上，獲得期待已久的升職加薪機會，為事業發展順利的一年。

自僱及從商者，事業打拼多年今年能取得重大進步，實在可喜可賀。「歲駕」星進駐，代表可獲到他人賞識，有望在職場上大展拳腳，展示個人的工作能力。與此同時若有機會，亦可嘗試新的業務範圍，拓展事業。

惟受到「指背」凶星入主，代表有小人暗中造謠、無是生非，建議遠離是非之地為解決良法。

屬蛇二〇二五年【財富】運勢

雖然本年值太歲，但整體財運仍算不俗，為容易得財的年份。在眾多吉星拱照下，財來自有方，不論在正財或是偏財均會有所進步，若遇到合適的機會，可大膽積極爭取。

在「金輿」吉星拱照下為財運亨通的一年。「金輿」寓意財源滾滾而來，不論工作運及財運亦會有所進步。

打工一族，新一年有望升職加薪。

自僱或從商者可獲得豐厚盈利，可在事業上大鵬展翅，取得好成績。

受到「劍鋒」、「伏屍」及「血刃」凶星入命，導致家宅平平，會出現很多意外及突如其來的支出，例如家中老人小孩或自己患病，急需要金錢治病等等。

屬蛇二〇二五年【感情】運勢

屬蛇在二〇二五年的感情生活也非常波動，今年為肖蛇者的「感情關口年」。

每逢值太歲及沖太歲的年份，在感情上總會容易出現變化，故此新一年要多與伴侶溝通，明白及理解彼此分享內心想法。已有穩定交往對象的朋友，建議可在蛇年落實籌辦婚約，用「一喜擋三災」的方式來應值太歲之年，以免出現「不結即分」的危機。

有家室者受到凶星「伏屍」入主會影響家人及伴侶的健康，故要多關心伴侶的身體狀況。

此外本命年會與伴侶因意見不合而爭執，容易引致感情生變，若在今年有緣添丁將有助化解不良影響。

單身等朋友今年桃花運欠奉，對感情不宜抱太大期望，還須提防帶眼識人，小心遇人不淑。

屬蛇二〇二五年【健康】運勢

是年健康欠佳，特別是老人。本命年再加上「劍鋒」、「伏屍」、「血刃」及「浮沉」等多顆凶星的影響下，肖蛇者的健康運及家宅運非常一般，要小心血光之災，還有做手術的擔憂。

「伏屍」星出現是代表家宅運弱，不妨主透過更換家具、進行小型裝修來提升運勢。

「浮沉」凶星具有犯水險而受傷之象，「欺山莫欺水」新一年不宜進行跳水、潛水、滑水等水上活動，以免發生意外。

肖蛇者可於立春後到相熟廟宇攝太歲，並進行捐血或洗牙，主動應驗血光之災，而且可多做善事積福，有助化解本命年健康運不佳的不利因素。

屬【蛇】二〇二五年每月運勢

戊寅：農曆正月（西曆2月3日至3月4日）

財運和事業發展比較有利，應該積極進取，但是仕途不太理想，要提防在官場上小人撥弄是非，影響與上司之間的關係。

感情方面還可以，已婚者須防有婚外戀情，不利家庭穩定。

本月小有偏財，但須防丟失或盜竊，減少不必要的開支，小心理財。

在年初最好調理一下家庭的風水環境或者添置借力助財運之吉祥物品。

己卯：農曆二月（西曆3月5日至4月3日）

應注意搞好人際關係，與人多交流，以免陷入人際困局，使工作事業遭受惡劣影響。

正財運較佳，橫財相對低迷，風險類投資實在不宜進行，即使進行也應擇吉日。工作壓力已不如前月大，但可能遇到些小阻礙，使努力化為泡影。

另外要注意健康問題，多休養多參加有益身心的娛樂活動，使欠佳的心情好轉起來。

庚辰：農曆三月（西曆4月4日至5月4日）

有許多無法預料的變化，萬事不可急進，最好多審視並反省自己，制定出適合自己的未來規劃，相信對工作及事業會大有幫助。

財運也有所回轉，可進行小規模的投資。

女性異性緣佳，未婚者桃花大旺，已婚男性須謹防惹上孽緣，而導致血光之災。

辛巳：農曆四月（西曆5月5日至6月4日）

堅守舊業，不輕易變更，如能好好用心謀劃，積極進取，定能獲得財富事業雙豐收。切記要好好把握時機！

財運非常旺，橫財也不錯，可適當進行投資獲利！

女性感情方面也會有新的突破，應多花些心力培養感情。

壬午：農曆五月（西曆6月5日至7月6日）

事業逐漸煥發出勃勃生機，宜多用些心機精神來奮發經營，當有不俗進展，但應謹慎決策，不可浮躁急進；同時情緒上稍有些不穩定，應保持克制冷靜，以免因此招致重大損失。

得貴人相助，只是財運有所回落，只宜進行小規模的投資。

癸未：農曆六月（西曆7月7日至8月6日）

工作上不宜多強出頭，低調為好，對於不必要的交際活動，少參加為妙。財運低迷，仍不宜進行投資，適可而止為好。

運勢比上月有所改善，但仍難盡如人意，做事多有阻礙，必須要小心謹慎應對，用心經營，才有可能平安度過。

甲申：農曆七月（西曆8月7日至9月6日）

凡事宜按部就班為主，以靜制動。在精神上要隨時做好面對突發問題的準備，從容面對，敢於堅持，困難只是暫時的。特別要多收斂脾氣，避免由於脾氣方面的原因惹出禍端。

乙酉：農曆八月（西曆9月7日至10月7日）

要注意避免招惹是非，莫管閒事，也要警惕小人，不要誤交損友，以防被騙取錢財！

財運方面也難如人意，恐有破財之虞，不宜進行投資。

工作事業方面會有不少阻礙，生活上也有一些麻煩的事發生，可以說任何事都不太順利，一切皆應小心謹慎！

多注意身體健康，儘量少吃傷胃的飲食。

丙戌：農曆九月（西曆10月8日至11月6日）

凡事不可大意，特別是要帶眼識人，提防小人，以防錢財被騙。

偏財運方面小有進益，可進行投資，適可而止為好。

運勢有劫星暗伏，做事會出現阻滯，必須要非常小心謹慎應對，用心經營，平安過渡即好。

注意身體健康方面的問題，尤其是腸胃方面的疾病。

丁亥：農曆十月（西曆11月7日至12月6日）

宜精心發展，會有不錯局面，宜知機把握，趁機乘勢進取，以免錯失大好發展時機。

財運頗佳，但財富難聚，不宜進行風險類投資。

工作上也如魚得水，可得上司青睞，不過須注意避免招致同事妒嫉。

戊子：農曆十一月（西曆12月7日至26年1月4日）

做任何事情都會有比較順利，但是事業以及工作生活等還是以靜制動為好。

這段時間裡務必緊記，若遇到不相關的是非爭執，最好是遠遠逃離；如果關係到自身，只要干係不大，還是小心做人為妙。

財運方面亨通，正財橫財均佳，利投資。

男性桃花旺，感情生活可能會出現麻煩，順其自然為好，強求不來的。

己丑：農曆十二月（西曆26年1月5日至2月3日）

吉星拱照，運勢良好，若肯多花些心力去經營謀劃，可獲得突破性進展，人氣急升，事業運強盛，在工作上也有上佳表現，但仍要密切注意周遭之事，以免被小人搶奪功勞，而致徒勞一場。

財運挺不錯，正財興旺，橫財低迷，不宜進行風險類投資。但是言談要小心謹慎，以免得罪人而不自知，避免招惹是非口舌。

馬

肖【馬】者出生年份			
一九三〇年	庚午年	一九四二年	壬午年
一九五四年	甲午年	一九六六年	丙午年
一九七八年	戊午年	一九九〇年	庚午年
二〇〇二年	壬午年	二〇一四年	甲午年

屬【馬】二〇二五年大運

今年是屬馬的事業晉升之年，流年運勢良好吉星高照，得到三顆吉星「太陽」、「文昌」及「天空」幫助，不論是事業運、財運、人際關係均較去年有所進步。

吉星方面「太陽」星代表男性貴人星，特別有利經營男性行業，自僱及從商者可主力發展男性生意，例如：運動、賽馬、鐘錶及汽車等，今年會有不錯的收益。

打工一族容易得到男上司或老闆的賞識欣賞及重用，有望在本年晉升加薪。

另外在「文昌星」幫助下，屬馬者的頭腦會變得靈活、思想敏捷、有利學習、考試及升職，建議本年可以投資更多在學習工作相關之技能上，機會來到時自然能事半功倍。

再加上「天空」吉星拱照，代表思想力、創造力增強，特別有利從事創作、設計的朋友，工作時靈感不斷，把握機會將會提升工作表現。

感情方面單身的女性可在工作時結識條件優秀的對象，有望開展一段浪漫的情緣，但受到「咸池」星影響下很大機會出現霧水情緣，自己要提防。蛇年感情的確是多姿多彩，可惜未必太穩定。當中已婚者務必要時刻提醒自己，不要對伴侶以外的異性太過熱情，否則容易陷入三角關係。

凶星方面有「晦氣」入主，「晦氣」代表容易因無心之失而開罪別人，因此要小心與他人相處，並要時刻留意自己的態度，凡事低調做人。

總括來說，新一年運勢較為理想，宜主動出擊把握機會，事業可得到顯著提升。

不同年份肖【馬】運程

一九三〇年：庚午年
今年已屆高壽，出外小心。注意飲食帶來的小問題。

一九四二年：壬午年
保持良好生活習慣可提升健康。

一九五四年：甲午年
財運一般，投資收益不算理想。

一九六六年：丙午年
今年健康欠佳，宜注意肺部及小腸等方面的健康。

一九七八年：戊午年

今年工作上遇到的競爭對手較強，事情總有人從中阻撓，爭奪利益及名譽；有財難聚，謹防借錢與人，恐覆水難收。不要沉醉於色情場所，以免影響工作與家庭幸福。

一九九〇年：庚午年

今年運勢旺盛，諸事積極行動，不必花太多力氣，事業便能更上一層樓，宜開公司、建廠房等投資。

感情上今年桃花旺極，異性緣極佳，婚易成。

今年是充滿機遇與挑戰的一年，唯加強自身的能力與信心，才能從容面對競爭，贏得勝利。

二〇〇二年：壬午年

貴人多助，感情變化亦多。單身者別心急於一時。

二〇一四年：甲午年

文昌星幫助今年成績轉好，上課更有心機學習。身體無大礙，宜注意胃腸之疾，防止飲食過度而影響健康。

肖【馬】整體運勢

屬馬二〇二五年【事業】運勢

屬馬在二〇二五年的事業運勢表現還算不錯，蛇年為肖馬者的工作升遷年，事業有明顯的進步，再加上三顆與事業有關的吉星進駐，有望更上一層樓。

「太陽」吉星高照，能得到男性貴人的賞識及支持，從商及自僱人士，工作若以男性客戶為主，新一年透過原有客戶的支持下，會認識更多具發展潛力的合作夥伴及新客戶，事業發展良好。

打工一族，今年與男上司及老闆相處融洽，並會得上司或老闆提攜，可抓緊機會表現自我。

從事文職工作的朋友，在「文昌」吉星的幫助下，蛇年頭腦清晰、思路敏捷，務必要好好把握機會，爭取升職加薪的機會。

另外「天空」星有利從事創作工作的朋友，可藉此機會增加知名度。

屬馬二〇二五年【財富】運勢

去年財運不過不失，來到新一年財運不錯，不論是正財、偏財或橫財亦有所提升。

今年有「太陽」吉星入主，代表男性貴人及遠方財星的意思，若能從事與男性有關的行業，例如：鐘錶、汽車、賽馬、健身、男士服飾等行業，今年有望增加營業額，從而提升利潤。打工一族亦可藉着男性貴人賞識的機遇，爭取較大的加薪。

偏財運較去年進步，可與男性貴人一起合作營商或投資買賣，有望獲得豐厚的回報。

新一年在「咸池」星的影響下交際應酬活動較多，開支洗費會比往年大，務必提早做好理財規劃，否則財來財去。

屬馬二〇二五年【感情】運勢

屬馬在本年度的感情運勢多姿多彩，當中特別有利於屬馬的女性，在「太陽」吉星拱照下，單身的女士很大機會遇到條件優越的男士，建議大膽積極爭取為未來幸福而努力。但「咸池」入主為霧水桃花星，即使開展了新戀情亦容易出現離離合合。

已婚者與伴侶相處融洽，但屬馬者天生桃花旺盛，再加上霧水桃花之年更要小心。今年切記對伴侶以外的異性太過熱情，要保持適當距離以免陷入三角關係，同時要時刻警惕勿因新鮮感而破壞婚姻，否則覆水難收摧毀經營多年的婚姻關係，從而影響自己在社會上的名聲及地位。

屬馬二〇二五年【健康】運勢

進入二〇二五年年，屬馬的健康運勢非常不錯。新一年在眾多吉星高照下，健康運並沒有太大問題，雖然沒有大病困擾，但小病小痛卻在所難免，容易患上傷風、感冒等小毛病。

日常要保持個人衛生習慣，多做運動提高抵抗力。本年容易患上與眼睛、心臟、血液、血管有關的疾病，若有身體不適馬上求醫，切勿諱疾忌醫，以免拖延病情。

「咸池」星入主交際應酬較多，容易出現暴飲暴食，造成腸胃負擔，建議要以清淡飲食為主，時刻提醒自己節制飲食，減少出席不必要的聚會，定時做運動維持健康體魄，平日亦要盡量抽時間休息，以免太過勞累。

屬【馬】二〇二五年每月運勢

戊寅：農曆正月（西曆2月3日至3月4日）

運勢動盪反復，易出現一些意想不到的煩事及口舌是非，工作事業難以達到理想的目標。

感情也不穩定，易出現移情別戀。

財運則動中生財，出外求財較適合。

出外時且宜小心鐵器傷身，開車時須注意安全。

此月有破財跡象，投機及投資須謹慎。

己卯：農曆二月（西曆3月5日至4月3日）

運勢有好轉，工作事業也比上月有所進展，大利學業，財運偏佳，感情尚可；一般計畫之事，均能有所成功，求親、訪友、訂婚、結婚，求財、事業等均相宜。

庚辰：農曆三月（西曆4月4日至5月4日）

本月容易迷失自我，還會受到虛假投資理財廣告的誤導，務必妥善打理錢財，不可貪圖高收益。

不過本月桃花運不錯，可以在旅行或是工作途中，結識到優秀的異性，想要脫單的話，務必牢牢把握住機會。

辛巳：農曆四月（西曆5月5日至6月4日）

本月健康運勢旺盛蓬勃，如果本身體質有些差，或是身體有舊疾的朋友，這個月注重休息和調養的話，很有可能徹底恢復痊愈。

只是本月不適宜做大型投資，比如說房地產等，千萬不要涉足。

壬午：農曆五月（西曆6月5日至7月6日）

運勢有所下滑，宜積極努力進取！但工作可能會遇到些小人，搬弄是非，無中生有，宜誠信為人，遵法守紀。這期間應多花些精力改善人際關係，多聽取別人意見，自可安泰。

財運不利，有財難聚，忌做擔保或借貸，投資不宜。

癸未：農曆六月（西曆7月7日至8月6日）

本月容易感受到外貌焦慮，可能會去做微調，或者是購買大量不必要的產品。凡事要量力而行，不可過度，以免遭受不必要打擊。

不過本月已婚人士婚姻生活甜蜜美滿，夫妻倆恩愛和諧，相處模式令人羨慕。

甲申：農曆七月（西曆8月7日至9月6日）

本月屬馬學業運勢好，超水準發揮、一舉成名。要保持謙虛心理，別太沾沾自喜了，只有這樣才能不斷進步。

本月人際關係不太好，要管住嘴巴，不可在公共場合亂說話。

乙酉：農曆八月（西曆9月7日至10月7日）

運勢有反復，事業運未佳，有與上司或同事意見對立的煩惱，不要強出頭，要注意以穩為主，切勿浮躁急進，而招致麻煩！

財運走的是劫財運，慎防小人破財，不宜借錢與人，投資時亦當謹慎。

感情上桃花大旺，未婚男女感情上也有可喜進展，不過須專情些，不招孽緣，提防多角戀。

丙戌：農曆九月（西曆10月8日至11月6日）

運勢暗淡，五鬼作弄，恐有風波，工作事業方面也會有不少阻礙，任何事都不太順利，一切皆應小心謹慎，凡事不可冒進，宜穩中求進！

另外要注意避免招惹是非，莫管閒事，須防官訟橫災，不要誤交損友！

正財運方面也難如人意，但偏財亨通，宜進行如證券、金融、期貨等風險類的投資。

丁亥：農曆十月（西曆11月7日至12月6日）

本月屬馬腸胃系統不太正常，飲食方面尤其是要注意，不要亂吃亂喝，更不要吃太多垃圾食品。

同時本月待在家裏時間很少，大多數時候，可能都需要在外工作，非常辛苦，要注重身體保養。

戊子：農曆十一月（西曆12月7日至26年1月4日）

運勢福星高照，在事業上將迎來大好的發展良機，宜好好把握時機才是。同時本月得到財星庇佑，本月財運亨通，旺及正財及偏財，財不請自來，經商者宜放心投資！

感情方面出現桃花運，男女的異性緣都不錯，感情豐富多彩。

己丑：農曆十二月（西曆26年1月5日至2月3日）

順承上月好運，兼得貴人助力，事業更是錦上添花，只要積極發展、經營，事業方面會有突破性進展；工作上表現多多，宜把握機會，以贏得上司青睞。財運也較好，投資、實業均大利。

羊

肖【羊】者出生年份			
一九三一年	辛未年	一九四三年	癸未年
一九五五年	乙未年	一九六七年	丁未年
一九七九年	己未年	一九九一年	辛未年
二〇〇三年	癸未年	二〇一五年	乙未年

屬【羊】二〇二五年大運

新一年肖羊者與太歲無沖無合，運勢較為平穩，但蛇年並沒有任何吉星高照，因此凡事只能靠自己，可借用對宮肖牛的吉星力量，例如：「華蓋」，不過力量只有三成，只能有少許助力，「華蓋」吉星代表古時皇帝出巡所用的綢傘，象徵藝術、創作才能得以發揮。

慶幸今年為肖羊者的財運年，正財收入較為理想，故此建議屬羊的朋友新一年把注意力放在財運上，便能得到相應的回報。平日亦要主動爭取，遇到合適的投資理財機會應該大膽嘗試，相信自己的眼光，即使沒有吉星相助，不妨用自身的能力來闖一片天。

乙巳年屬羊者在凶星入主下，對家宅運及健康運特別不利，凶星包括：「喪門」「飛簾」及「大煞」，「喪門」代表被人反咬一口，有機會遭到別人出賣，容易與他人發生口舌之爭，建議凡事不要太過高調。總括而言蛇年有望在金錢上取得不錯的成績，但健康運及家宅運卻較為一般。

不同年份肖【羊】運程

一九三一年：辛未年

今年要注意健康，要小心眼部問題。

一九四三年：癸未年

今年運程反覆不定，如仍要工作，千萬要小心情緒問題帶來身體的變化。

一九五五年：乙未年

財運總體不過不失，不宜進行大的投資，交遊須謹慎，閒事莫管，以免破財。

一九六七年：丁未年

今年外出多貴人，營商者獲不錯的利潤回報。

一九七九年：己未年
今年財運不錯，投資已久的終於獲得回報。家鄉在望之象。

一九九一年：辛未年
今年運勢不佳、家宅運不佳，家人關係容易吵吵鬧鬧。有誤會的滋生，而惹來不必要的麻煩。

二〇〇三年：癸未年
今年工作有小人作梗，令你在情緒上容易出現不穩定。

二〇一五年：乙未年
今年在學習方面很有天賦，大部分人只要專註的投入到學習當中，成績就會保持的很穩定。

肖【羊】整體運勢

屬羊二〇二五年【事業】運勢

屬羊在二〇二五年的事業發展相對來說還是一般的，乙巳年並沒有任何吉星高照，工作方面得不到貴人的幫助，事業上的一切要依靠自己實力。新一年「宜守不宜攻」，若有任何轉換工作崗位、發展新業務或轉工等想法，必須準備充足，切忌衝動行事，千萬不要「裸辭」，否則在短期之內難以找到心儀工作，而成為失業人士。

在眾多凶星的影響下，會出現是非、小人、官司訴訟等問題。自僱及從商者要小心因文件處理不當而惹上官非訴訟，因此在簽署任何文件時務必謹慎處理。

打工一族在職場上會感到諸多阻攔，經常遭到上司或老闆的刁難及苛責，只能咬緊牙關做好目前的工作。

屬羊二〇二五年【財富】運勢

屬羊在二〇二五年的財富運勢相對來說是喜多於憂，原因是今年為屬羊的進財年。

不論是正財、偏財及橫財運都較去年有所增長，只要在投資時預先做好功課，便能在投資上有所獲利，建議可投資穩健的基金及藍籌股，在工作以外賺取更多收入。

同時亦可考慮聘請年長的男性作為自己的股票經紀，有助增強偏財運。

在「喪門」凶星的影響下，導致家宅運一般，會出現很多意外及突發支出，例如家中親人或寵物患病，而需要金錢治病。

平日要做好理財策劃，預備一定金額的應急錢就一定安好無事。

屬羊二〇二五年【感情】運勢

屬羊在二〇二五年的並沒有任何與桃花有關的吉星進駐，屬羊者天生桃花運欠奉，只能靠自身魅力來吸引異性。

單身的男士結識伴侶前請先要整理儀表，再主動參加社交聚會，便能結識心儀的女士。若遇上時可積極追求對方，有望締結一段良緣。

單身的女士，對伴侶的要求太過挑剔，今年感情運勢表現一般亦難以遇到合心意的對象，還是把心思都放在工作上。

有婚姻者感情是相對平穩的一年。相愛相伴多年經歷了不少高高低低，好好珍惜對方才能長久走下去，學習從對方的角度思考，便能減少雙方爭執。年中假期可與另一半出外旅遊，可增進雙方感情。

屬羊二〇二五年【健康】運勢

屬羊在二〇二五年龍年的健康運勢相對來說平平，健康運及家宅運一般，因此新一年切忌去探病問喪，亦不宜出入陰氣較重的地方，例如醫院、殯儀館、墳場等，以免沾染負能量影響個人氣場，導致情緒低落、運勢下降。相反可主動參加親朋戚友的喜事，例如婚宴、百日宴、公司開幕等，有助提升運勢。

在「喪門」凶星影響下，務必要小心家中長輩健康，要時刻留意他們的身體狀況，若有發現不適務必馬上求醫，情況一旦轉差，切記掉以輕心必須謹慎處理。

屬【羊】二〇二五年每月運勢

戊寅：農曆正月（西曆2月3日至3月4日）

運勢反復多變，工作、事業均難順利，在決策上要慎重，不可只顧眼前，應把目光放長遠些，以免決策會影響未來。

財運仍佳，投資小心即可，偏財運不佳，不可進行投機；另外須警惕因沉醉於酒色而導致破財。

感情上會可能出現貌合神離的情況，雙方應坦誠溝通。

己卯：農曆二月（西曆3月5日至4月3日）

運勢極差為一年之最；工作壓力大，事業變數多，招架不暇，正財運仍佳，事業發展以實力為本位，交易以實益薄為安佳，防惹是非官非。

屬雞的人開車出行時應打醒精神，遵守交通安全。

庚辰：農曆三月（西曆4月4日至5月4日）

運勢開始好轉，並有貴人扶助，諸事仍可逢凶化吉。不過仍有許多難以預料的變化，因而凡事不可冒進，最好制定出適合發展的規劃，相信對工作及事業會有所幫助。

正財運利，橫財偏差，不宜投機或進行相關風險類投資。

感情方面會有新的發展，宜多用心思培養。

辛巳：農曆四月（西曆5月5日至6月4日）

本月屬羊對於金錢的欲望極為強烈，好在財運還算不錯，只要付出了時間和努力，必然能夠獲取不錯的收入。不過賺錢要通過合理的途徑，不要為了賺快錢失去了良心，這樣到手的黑心錢，早晚會成為危害自己的利器。

壬午：農曆五月（西曆6月5日至7月6日）

本月屬羊的職場壓力很大，競爭極為激烈，還要遭受裁員的威脅。務必要刻苦努力，少說話多做事，這樣才能避免失去工作。

同時這個月沒事不要到處亂跑，盡量就待在家裏或者是公司裏，以免遇到意外事故。

癸未：農曆六月（西曆7月7日至8月6日）

運勢欠佳，做任何事情皆應小心謹慎為好，凡事宜按部就班，以靜制動，切不可衝動妄為。在精神上要隨時做好面對突發問題的準備，從容面對，敢於堅持，凡事多忍耐。

財運方面平平，但仍不宜進行投資，偏財運佳，可進行風險類投資。

甲申：農曆七月（西曆8月7日至9月6日）

運勢吉凶參半，順中帶逆，事業生活等各方面貌似好轉，實則險阻重重，好在有吉星高照，凡事化險為夷。不過由於凶星眾多，一切皆應小心謹慎，凡事以穩為主。

另外須注意可能會有一些是非困擾，要避免因口舌等麻煩引起紛爭，甚至到官災破財的地步。

財運方面尚可，但投資須十分謹慎，防借錢不還，以免傷及血本。

乙酉：農曆八月（西曆9月7日至10月7日）

本月屬羊學業運勢可以持續攀升，不但學習很有激情和幹勁，而且還能從中找到很多樂趣。要將這種狀態一直保持下去，這樣必然能夠讓今後的人生，變得輝煌無限。

另外這個月要控制一下花銷，除了基本的衣食住行外，不要買太多不必要的東西。

丙戌：農曆九月（西曆10月8日至11月6日）

運勢吉凶難辨，要防範被小人加害，工作或事業可能會出現一些變動，切記做事要踏踏實實，不要好高鶩遠，凡事以小心謹慎為上，以靜制動，不要招惹是非。

財運比較佳，橫財運更旺，可以進行如證券、金融、期貨等風險類的投資。

丁亥：農曆十月（西曆11月7日至12月6日）

運勢好轉，事業也有進一步發展，財蓄增進，信用大增，如能好好用心謀劃，積極進取，定能獲得財富事業雙豐收。

財運理想，可適當進行投資，多可獲利。

感情生活順利，異性緣頗佳，身體方面要注意腎的健康。

戊子：農曆十一月（西曆12月7日至26年1月4日）

本月胃口很好，可以享受到特別多的美食。抵抗力和免疫力都很不錯，不會遭受疾病的侵襲，非常令人羨慕。

另外這個月金錢運勢也不錯，可以得到很多意外的財富，要珍惜旺盛的運勢，還要學會打理錢財。

己丑：農曆十二月（西曆26年1月5日至2月3日）

得貴人助力，萬事亨通。只要多給些心機心力來發展經營，事業方面會有突破性進展，宜把握機會，以贏得上司青睞。

財運較好，投資設廠、經營均佳，財利豐厚。

猴

肖【猴】者出生年份			
一九三二年	壬申年	一九四四年	甲申年
一九五六年	丙申年	一九六八年	戊申年
一九八○年	庚申年	一九九二年	壬申年
二○○四年	甲申年	二○一六年	丙申年

屬【猴】二〇二五年大運

今年為屬猴者的「合太歲」年份，地支「巳申相合」的同時「合中帶破」及「合中帶刑」，象徵人際關係時好時壞，同時整體運勢亦會大起大落。新一年肖猴者容易心緒不寧，並會遇上較多的麻煩阻滯，而且人際關係有所退步，要提前做好心理準備。幸好今年肖猴者在吉星高照下，容易遇到新的合作機會。

「太陰」吉星進駐，可減低「犯太歲」的影響。「太陰」吉星坐命代表女性貴人，有望得到女性貴人扶持。

自僱或做生意人士，從事的行業若以女性為主，例如：美容、髮型、女性服飾、珠寶及奢侈品等，在本年有望大幅增加生意額，整體收入上升。

至於打工一族將有望得到女性上司或女性老闆賞識，不妨主動表現自我，有望得到別人賞識，令事業發展穩步上揚。

不同年份肖【猴】運程

一九三二年：壬申年

今年健康有所改善，注意飲食。

一九四四年：甲申年

注意腰部及關節容易受傷。不宜到處外出。

一九五六年：丙申年

財運尚可，整體不錯。

一九六八年：戊申年

工作發展順利，運勢明顯轉好。可多投資平穩板塊以求獲利。

一九八〇年：庚申年
天干乙庚相合大利人際關係，佣金前線者有不錯的收益利潤。女生今年感情上容易受騙，不要被對方的外表及甜言蜜語所蒙蔽，當以工作為重。

一九九二年：壬申年
運勢旺盛，財運平穩向上，今年情緒思想比較波動，常有出乎意料的舉動。

二〇〇四年：甲申年
今年競爭者很多，不論事業、學業及感情都很容易有人來爭屬於你的東西。提防身邊相熟的朋友。

二〇一六年：丙申年
今年學業突飛猛進，不妨挑戰能力以上的任務。或會有意想不到的收穫。

肖【猴】整體運勢

屬猴二〇二五年【事業】運勢

進入二〇二五年，屬猴人的事業運勢比較明朗，在工作當中能夠穩步上升，並且打工一族也會找到適合自己的發展平台事業發展相當理想。在「太陰」吉星高照下，特別有利從事與女性相關行業或與女性生意拍檔合作的朋友，未來二十年為中年女性的天下，即三十至五十五歲之間的女性。

自僱及從商者不妨藉此機會拓展新的女性業務或找女性拍檔一起合作，擴大事業版圖。

打工一族亦能得到女性上司或老闆的欣賞及提攜，務必要積極爭取並努力工作便可得到良好晉升機會。

受到凶星及「犯太歲」的影響下，經常無故招惹是非。同事或同行之間鬥爭不斷，導致工作壓力增加。在「貫索」及「勾神」凶星影響下，打工一族，今年並不適合轉換工作，以免引起與原公司的合約糾紛。

屬猴二〇二五年【財富】運勢

今年為財運亨通的一年，事業發展不錯直接帶動業績令財運收入上升。佣金收入、自僱及從商的朋友受惠不淺。若從事的行業以女性為主，例如：美容、化妝、珠寶首飾、母嬰產品、女性服裝等，生意額便會有明顯的增長。整體收入顯著提升，打工一族可受惠於加薪幅度令正財收入增加。

惟「貫索」及「勾神」凶星入主，代表容易因金錢問題與他人糾纏不清，建議在處理任何文件時要留意清楚條款細則，不要忽略細節而引致金錢損失，如有需要可尋求專業人士協助。

此外，「亡神」代表經常忘記事情或遺失小物品，建議本年銀包別放太多現金。

屬猴二〇二五年【感情】運勢

屬猴在二〇二五年的感情運勢相對來說比較穩定，受眾吉星的催動，感情上有不少好的變化。

在「太陰」吉星的幫助下，單身的男士可透過身邊人介紹，結識到心儀對象，可發展一段開花結果的戀情。

單身的女性，透過合太歲的幫助下，能結識新的朋友，只要不太挑剔便能展開一段新戀情。

正所謂「男怕孤辰，女怕寡宿」。有婚姻者受到「孤辰」凶星入主會導致新一年容易出現感情變化，經常覺得有伴侶等於沒有伴侶，彼此溝通不足，沒有辦法進行精神上的交流，建議主動向伴侶分享內心想法，認真傾聽對方的想法再給建議，讓彼此感到信任與窩心，若意見分歧時，不妨在對方的角度思考再分析彼此的想法。

屬猴二〇二五年【健康】運勢

屬猴的健康運不過不失。

在「犯太歲」及凶星的影響下人際關係出現倒退，受到口舌是非的困擾，令你的心情欠佳出現壓力過大、情緒低落、失去動力的情況。

長期處於精神壓力底下，身體、精神和社交健康便會受到影響，因此適當地處理壓力對維持身心健康很重要。

建議多做運動，適當的運動能夠幫助釋放壓力及緊張的情緒，不妨選擇嘗試適合自己的運動方式，同時做運動前要做好拉筋動作，千萬不要太過急進。

平日可多做善事，行善佈施自然能提升健康運。

屬【猴】二〇二五年每月運勢

戊寅：農曆正月（西曆2月3日至3月4日）

運勢有好轉，工作事業也比上月有所進展，大利學業，財運偏佳。感情尚可。一般計畫之事，均能有所成功，求親、訪友、訂婚、結婚，求財、事業等均相宜。

己卯：農曆二月（西曆3月5日至4月3日）

運勢有所下滑，工作可能會遇到些小人，搬弄是非，無中生有，宜誠信為人，遵法守紀。

這期間應多花些精力改善人際關係，多聽取別人意見，自可安泰。財運不利，有財難聚，忌做擔保或借貸，投資不宜。

庚辰：農曆三月（西曆4月4日至5月4日）

本月屬猴容易迷失自我，還會受到虛假投資理財廣告的誤導，務必妥善打理錢財，不可貪圖高收益。不過本月桃花運不錯，可以在旅行或是工作途中，結識到優秀的異性，想要脫單的話，務必牢牢把握住機會。

辛巳：農曆四月（西曆5月5日至6月4日）

本月屬猴健康運勢旺盛蓬勃，如果本身體質有些差，或是身體有舊疾的朋友，這個月注重休息和調養的話，很有可能徹底恢復痊愈。

只是本月不適宜做大型投資，譬如說房地產等，千萬不要涉足。

壬午：農曆五月（西曆6月5日至7月6日）

運勢動盪反復，易出現一些意想不到的煩事及口舌是非，工作事業難以達到理想的目標。

感情也不穩定，易出現移情別戀。

財運則動中生財，出外求財較適合。

出外時且宜小心鐵器傷身，開車時須注意安全。

此月有破財跡象，投機及投資須謹慎。

癸未：農曆六月（西曆7月7日至8月6日）

財運走的是劫財運，慎防小人破財，不宜借錢與人，投資時亦當謹慎。

感情上桃花大旺，未婚男女感情上也有可喜進展，不過須專情些，不招孽緣，提防多角戀。

甲申：農曆七月（西曆8月7日至9月6日）

本月屬猴學業運勢好，超水準發揮、一舉成名。要保持謙虛心理，別太沾沾自喜了，只有這樣才能不斷進步。

本月人際關係不太好，要管住嘴巴，不可在公共場合亂說話。

乙酉：農曆八月（西曆9月7日至10月7日）

運勢有反復，事業運未佳，有與上司或同事意見對立的煩惱，不要強出頭，要注意以穩為主，切勿浮躁急進，而招致麻煩！

丙戌：農曆九月（西曆10月8日至11月6日）

凡事不可冒進，宜穩中求進！

另外要注意避免招惹是非，莫管閒事，須防官訟橫災，不要誤交損友！

正財運方面也難如人意，但偏財亨通，宜進行如證券、金融、期貨等風險類的投資。

丁亥：農曆十月（西曆11月7日至12月6日）

本月屬猴腸胃系統不太正常，飲食方面尤其是要注意，不要亂吃亂喝，更不要吃太多垃圾食品。同時本月待在家裏時間很少，大多數時候，可能都需要在外工作，非常辛苦，要注重身體保養。

戊子：農曆十一月（西曆12月7日至26年1月4日）

本月得到財星庇佑，本月財運亨通，旺及正財及偏財，財不請自來，經商者宜放心投資！

感情方面出現桃花運，男女的異性緣都不錯，感情豐富多彩。

己丑：農曆十二月（西曆26年1月5日至2月3日）

運勢福星高照，在事業上將迎來大好的發展良機，宜好好把握時機才是。工作上表現多多，宜把握機會，以贏得上司青睞。

財運也較好，投資、實業均大利。

肖【雞】者出生年份			
一九三三年	癸酉年	一九四五年	乙酉年
一九五七年	丁酉年	一九六九年	己酉年
一九八一年	辛酉年	一九九三年	癸酉年
二〇〇五年	乙酉年	二〇一七年	丁酉年

屬【雞】二〇二五年大運

二〇二五年進入蛇年，對於生肖屬雞的人而言，將是一個充滿機遇的年份。蛇年肖雞者為「巳酉丑」三合的生肖之一，代表與太歲關係友好，代表運勢平穩向上，人際關係理想，可得到貴人扶持及有望與他人一起合作取得顯著成果。

乙巳年為肖雞者學習運旺盛之年，新一年思想敏捷、頭腦清晰，不妨主動學習與工作相關的課程。在眾多吉星的照耀下，今年為學習運順暢、事業發展順利及財源滾滾來的一年，務必要把握良機。

蛇年有「金匱」、「三台」、「將星」及「地解」吉星進駐。在「金匱」吉星的加持下，意味著財源滾滾而來，不論是工作運還是財運都會有所進步。「三台」象徵扶搖直上、步步高陞之意，事業發展理規。「將星」代表領導才能，寓意事業發展順利，特別有利從事武職的朋友。

不同年份肖【雞】運程

一九三三年：癸酉年

今年健康病痛多，運氣明顯向下，千萬不要妄自拚搏。注意保重身體，留心農曆三月及十月。

一九四五年：乙酉年

今年身體欠佳稍為勞碌，常覺腰酸及坐骨神經痛。財運上不可過信朋友防被累損財。

一九五七年：丁酉年

運勢亨通，事業、財運呈發展勢頭，可加大投資、乘勝追擊。健康方面需注意肺部疾病。

一九六九年：己酉年

今年工作運勢旺盛，宜開展新項目、投資、開業、建房等事項，多能獲利；但合夥不宜，慎防上當受騙，損財失利。

一九八一年：辛酉年

今年的工作及家宅運相當不錯，要好好地把握好運勢，財源滾滾。人際關係轉差，宜多自注意。

一九九三年：癸酉年

今年在財氣通戶，事業發展如日中天。運勢高企的一年，務必把握機遇發展。

二〇〇五年：乙酉年

花費很大的一年，感情甜蜜的一年。

二〇一七年：丁酉年

人際關係好，深得長輩喜愛。專心學業就能得到好成績。

肖【雞】整體運勢

屬雞二〇二五年【事業】運勢

二〇二五年蛇年對屬雞人來說將是一個充滿機遇和挑戰的年份。屬雞人將更加努力奮鬥，以獲得更大的成功。

新一年在合太歲及眾多吉星幫助下，事業上可取得突破性的發展，為未來數年打下紮實的根基。

蛇年與太歲相合，會有朋友主動找你合作做生意或投資，建議可以仔細考慮，經過研究後實施便有望增加可觀的收入。

在「將星」高照下，寓意事業發展理想，特別有利從事武職的朋友，例如：紀律部隊、工程、建築等行業。「三台」吉星主步步高升、工作發展更上一層樓。同時在「金匱」吉星拱照下，寓意財源滾滾而來，事業發展順暢。

打工一族容易得到上司或老闆賞識，有望在蛇年升職加薪。

自僱及從商者，事業騰飛，可擴張相關新業務，就能取得良好進展。

屬雞二〇二五年【財富】運勢

二〇二五年對屬雞人而言，財富運將會充盈，財富來源多樣。八方來財財運旺盛的一年，為容易得財的年份。

在眾多吉星拱照下，財來自有方，不論在正財、偏財或橫財皆會有所進步。在「金匱」及「將星」吉星拱照下為財運亨通的一年。

「金匱」寓意財源滾滾而來，工作運及財運亦會有所進步。打工一族有望在蛇年升職加薪。

自僱或從商者可獲得豐厚盈利，可在事業上大鵬展翅取得好成績。投資方面亦可大膽嘗試，只要看準時機及準確分析大市趨勢，便能取得可觀回報。

蛇年與太歲相合，貴人運旺盛，會有朋友主動找上你合作做生意或投資，建議可以仔細考慮。

屬雞二〇二五年【感情】運勢

屬雞在二〇二五年的感情運勢表現的也非常好，二〇二五年是屬雞人的貴人之年，在這一年裏，屬雞人可能會經歷感情的變化，有機會遇到真愛，也可能遇到一些苦戀。

今年為「巳酉丑」太歲相合之年，屬雞者天生桃花運旺盛。單身者宜主動參加不同的社交聚會，例如：同學、同事、工作聚會等，能擴展社交圈子。同時亦可邀請身邊親友為你穿針引線引薦適合的異性。遇到新相識的異性時，可耐心了解清楚對方背景及性格，才決定是否與對方在一起。

有婚姻者今年與伴侶相處尚算融洽，但受到「五鬼」星的影響下加上工作應酬較多，與伴侶相處時間減少，夫婦間容易產生間隙，令伴侶有疑神疑鬼的情況出現。建議抽出時間來與另一半相處，婚姻關係是需要時間及心思經營，工作取得良好成果亦可以主動與伴侶分享你的喜悅，兩人共同成長關係才會長久。

屬雞二〇二五年【健康】運勢

屬雞在二〇二五年的感健康運勢表現平穩，在合太歲的幫助下蛇年健康運還算不錯，但受到「五鬼」凶星的影響下，今年的情緒會較為低落，不宜出入陰氣較重的地方，例如醫院、墳場等地，以免沾染負能量影響個人氣場。相反可多參與親朋戚友的喜事，例如：婚宴、壽宴、公司開幕等，令讓心情變得舒暢。

此外，經常要提醒自己要保持正面樂觀的心情，保持心情愉快不單能減低您患上嚴重疾病的風險，亦能減少患上小病如傷風和感冒。

工作繁忙應酬較多，令你的生活作息不規律，平日進行定期做運動，能釋放多巴胺，提高愉悅感、減輕壓力，保持身心健康，以增強運勢和提升自己的情緒狀態。

屬【雞】二〇二五年每月運勢

戊寅：農曆正月（西曆2月3日至3月4日）

運勢旺盛，會出現不錯的發展良機，應加以把握，工作會迎來好的局面，自身的努力加上貴人的幫助，能取得理想的成績。

財運亨通，交友、求職、求財等均大佳。

單身男女此月桃花正旺，宜主動出擊。

己卯：農曆二月（西曆3月5日至4月3日）

整體運勢良好，事事順調，事業呈上升趨勢，與人合作的專案更易取得成功，尤其可獲得意外助力。

財運也較為理想，然而要小心官非小人，或受牽連而成替罪羊。

利讀書進修，考試會有好於尋常的發揮。

庚辰：農曆三月（西曆4月4日至5月4日）

運程平平，凡事應以穩為主，在穩中求發展，不宜輕舉妄動，宜守舊業，按部就班。

財運才不致有損，投資、創業等均不宜，以防受騙破財。

感情上已婚者應注意桃花劫，未婚女生桃花旺婚易成。

辛巳：農曆四月（西曆5月5日至6月4日）

運勢動盪，工作壓力較大，宜安分守己方可保事業繼續發展。

財運較為一般，不宜沉迷酒色，以免惹官司破財，橫財相對低迷，不宜進行風險類投資，以免血本無歸，特別要注意防止財務出問題。

感情上容易出現口舌及矛盾，已婚者應注意桃花劫，未婚者感情不穩定，宜出現三角戀。

壬午：農曆五月（西曆6月5日至7月6日）

本月屬雞綜合運勢很差，會遇到很多不好的事情，要提前做好心理準備。可以多去寺廟拜拜，也可以佩戴開運的飾品。同時這個月與人相處要存有戒備之心，以免被人暗算，即便是家人朋友，也不可百分百信任。

癸未：農曆六月（西曆7月7日至8月6日）

本月屬雞感情狀態不佳，整個人心浮氣躁，說話做事都極為過分，容易與伴侶產生分歧。要控制情緒，不要做出傷人心的舉動。

不過這個月財運不錯，手頭很寬裕，可以放心入手自己喜歡的衣服鞋子，以及電子產品等等。

甲申：農曆七月（西曆8月7日至9月6日）

本月屬雞綜合運勢還是相當不錯的，可以遇到很多開心的事情。而且之前期盼已久的事情，極有可能會在這個月美夢成真。

同時這個月感情上，也可以出現不錯的進展，屬豬的人在感情中要懂得付出，不能一味索取。

乙酉：農曆八月（西曆9月7日至10月7日）

運勢旺盛，事業運也較興旺，只要用心經營便有可喜收穫，工作上也有不錯表現，但仍要小心被小人背後搞動作，而致徒勞無功。

財運亨通，應把握良機，加大投資，終必有成。

感情上已婚者須防有婚外情，未婚者要避免三心兩意的情況，以免竹藍打出一場空。

丙戌：農曆九月（西曆10月8日至11月6日）

運勢不利，辦事多阻，諸多不順，忌與人爭執，避免招來官司訴訟。財運不佳，謀事難成，投資時須謹慎，只宜固守，否則破財傷身，但偏財運佳，宜進行如證券、金融、期貨等風險類的投資。

丁亥：農曆十月（西曆11月7日至12月6日）

本月食欲旺盛，不但一日三餐正常吃，額外還會吃很多甜品、炸雞，以及零食等。雖然胃口好不是壞事，但吃太多，也會損害到腸胃健康，要稍為控制一下。

感情上桃花大旺，防止多角戀或婚外情，小心桃花劫。

戊子：農曆十一月（西曆12月7日至26年1月4日）

運勢有改善，但工作方面仍是有阻礙，事業發展要徐徐漸進，應積極努力，防官非口舌，凡事也有貴人相助，

財運有所獲，但亦有財劫之虞，不宜借貸，不宜大的投資。

己丑：農曆十二月（西曆26年1月5日至2月3日）

運勢偏佳，只要多花些心機精力來發展經營，凡事不急進，工作、事業方面便會平穩發展，但要切記須安分守己，宜守不宜攻，防因官事之災而破財。

財運較好，投資、設廠、經營均有利可得。

感情上會出現些風波，應多些耐心及呵護。

狗

肖【狗】者出生年份

一九三四年	甲戌年	一九四六年	丙戌年
一九五八年	戊戌年	一九七〇年	庚戌年
一九八二年	壬戌年	一九九四年	甲戌年
二〇〇六年	丙戌年	二〇一八年	戊戌年

屬【狗】二〇二五年大運

進入二〇二五年，屬狗人的整體運程是運勢回勇之年。整體運程來到乙巳年，終於脫離龍年「沖太歲」的影響，去年受到「沖太歲」的影響下，不論在事業、財運、感情以及健康等各方面，均經歷了不同的變化。

新一年為正財運亨通的年份，而且得到二顆吉星高照，包括有：「月德」及「紅鸞」吉星進駐。

「月德」貴人星具有化解災厄、平安之意，並能改善肖狗者的人際關係，自僱或從商人士均能有所得益，有望透過舊客戶介紹，而展開新的業務範疇及開拓更多新客戶。

打工一族則能獲得客戶支持及上司的欣賞，對事業發展有所幫助，即使在工作上遇到難題亦會有貴人相助。感情方面今年為紅鸞星動的年份，「紅鸞」星入主特別有利桃花及人緣。

不同年份肖【狗】運程

一九三四年：甲戌年

今年健康欠佳，運氣明顯向下，千萬不要妄自拚搏。財運上不可過信朋友防被累損財。

一九四六年：丙戌年

今年耗用錢財較多。因欠貴人星高照，身體健康欠佳，小毛病如傷風感冒不停經常發生。

一九五八年：戊戌年

今年健康及財運暢順。早年投資的產品今年有望收成。

一九七〇年：庚戌年

人際關係比往日進步，整體表現出色理想。有晉升機會，可放膽爭取。

一九八二年：壬戌年

事業工作有貴人，表現好轉。飲食要注意衛生，提防腸胃病。

一九九四年：甲戌年

工作平平穩穩，表現一般。感情易生技節，不宜過份猜忌伴侶。

二〇〇六年：丙戌年

今年桃花很旺，慎防早戀影響學業。難有結果，只會浪費心神與寶貴的學習時間。

二〇一八年：戊戌年

今年年紀尚小，活潑的性格。為父母者應多加愛心照顧定必樂也融融。

肖【狗】整體運勢

屬狗二〇二五年【事業】運勢

進入二〇二五年，屬狗人的事業運勢發展尚好，新一年在「月德」吉星高照下，人際關係明顯轉好，可得到貴人相助。

自僱或從商者更能得益於吉星的力量，在新舊客戶的支持下，事業發展順利、機會處處，不妨藉此機會開展新的業務範疇，有望開拓新的產品市場，從而令事業發展的道路更為廣闊，分散業務單一的風險。

打工一族，在貴人相助下，得到上司或老闆賞識，工作時與客戶相處融洽，工作成果得到大家的認同，有望升職加薪。再加上「扳鞍」有轉換工作之意，只要看清楚新工作的薪酬待遇及工作環境後，衡量過是否適合自己再作決定，切記一時心急便轉換工作以免越轉越差。

屬狗二〇二五年【財富】運勢

蛇年屬狗的終於脫離「沖太歲」的影響，新一年正財運旺盛，再加上在「月德」吉星拱照下，正財收入平穩上揚。

自僱及從商者能得到貴人相助，會有更多客戶支持而增加營業額，令整體收入高於去年，收入繼而增加，惟收入上升的同時開支亦會有所增加，宜做好理財規劃，以免得不償失。

打工一族，在上司或老闆賞識下，有望升職加薪，從而增加整年收入。但由於在「小耗」凶星的影響下，經常因突如其來的狀況而破財。

偏財運一般，切忌投資高風險的理財產品及參與賭博，若喜歡投資的朋友，可以主力投資低風險的藍籌股及做銀行定期，以保本為主。

屬狗二〇二五年【感情】運勢

屬狗在二〇二五年的感情運勢尚好。去年為沖太歲之年，曾發生感情變化的朋友，來到新一年有望結識新伴侶重新出發。

今年為桃花之年，蛇年桃花運旺盛，「紅鸞」星高照有利桃花運及人緣。「男喜紅鸞，女愛天喜」，單身男性會遇到心儀對象，不妨主動出擊，大膽出擊自然能開展一段甜蜜的戀情。已有伴侶的朋友，不妨在蛇年共諧連理，令彼此的關係更進一步，多年的感情終於開花結果，實在值得恭喜的。

至於有婚姻者由於桃花運旺盛，緊記與伴侶以外的異性保持適當距離以免彼此破壞關係。

屬狗二〇二五年【健康】運勢

屬狗在二〇二五年的健康運勢表現也不是特別好，由於凶星的影響，今年容易遇到一些意外的事故，譬如車禍，或者是與人產生肢體衝突，引發流血事件等等。

蛇年健康運平平，受到「死符」星的影響下，家宅運較為一般。今年不宜探病問喪，避免到醫院、墳場、殯儀館等陰氣較重的地方，以免沾染負能量影響個人氣場。

相反可主動參與喜慶場合，例如：婚宴、店鋪開幕、壽宴等等，此舉能增加自身的正能量，從而提升整體健康運及家宅運。

而且受到凶星的影響下，宜多做善事，幫助有需要的人士皆能增加自身及家人福報。

屬【狗】二〇二五年每月運勢

戊寅：農曆正月（西曆2月3日至3月4日）

須小心官訟獄災而導致破財。

財運方面利正財，但投資時機未佳，更不可進行投機。

己卯：農曆二月（西曆3月5日至4月3日）

有貴人相助，運勢旺盛，謀事易成。

事業上只要營謀得當，自然能獲得平穩發展宜步步為營，另外要提防有突發事件，以免破財。

財運順利，橫財不利，勿進行風險類投資。

庚辰：農曆三月（西曆4月4日至5月4日）

運勢極差，工作事業壓力較大，易起紛爭，可能遇到意外，使努力化為泡影。

財運也差，投資、經商均不宜，慎防破財虛耗，倒閉破產，橫財相對較佳，大利風險類投資，會有意外收益。

感情上會有理想的物件出現，宜好好把握。

辛巳：農曆四月（西曆5月5日至6月4日）

運勢呈向上之勢，有貴人扶助，事業上運氣徐徐好轉，對做任何事情要有信心，積極努力，成功率自然會更高，應當把握。

壬午：農曆五月（西曆6月5日至7月6日）

財運有所回勇，可進行小規模的投資。

感情方面桃花運旺，異性緣頗佳，已婚者須謹防惹上爛桃花。

癸未：農曆六月（西曆7月7日至8月6日）

工作事業不如意，宜靜不且動，只宜固守，否則破財傷身。財運也低沉，創業、投資均不適合，利於偏財，可進行如證券、金融、期貨等風險類的投資，但切忌浮躁急進。

感情生活也不順，口角矛盾難免，未婚者易分道揚鑣，要小心桃花劫。

甲申：農曆七月（西曆8月7日至9月6日）

這個月不宜進行結婚嫁娶，或者是買房買車的重大事情，否則可能會發生不好的事情。

乙酉：農曆八月（西曆9月7日至10月7日）

本月這個月新婚小夫妻，運勢還是相當不錯的，有可能迎來愛情的結晶。同時這個月女性要注重個人保護，不要孤身前往酒吧，也不要居住在治安環境不好的地方。

丙戌：農曆九月（西曆10月8日至11月6日）

本月屬狗可以得到自己夢寐以求的一樣東西，有可能是奢侈品手袋，也有可能是偶像的限量版專輯。但是也要注意理性消費，不可大手大腳。

丁亥：農曆十月（西曆11月7日至12月6日）

運勢下滑，不如意的事情頻頻發生，健康都下滑。這個月如果缺錢花的話，不能尋求借貸的幫助，以免陷入債務危機中。

戊子：農曆十一月（西曆12月7日至26年1月4日）

本月屬狗綜合運勢不太樂觀，要保持低調內斂，還要具有強烈的危機意識。在挫折面前，要具備百分百的勇氣，不可輕易退縮。

己丑：農曆十二月（西曆26年1月5日至2月3日）

本月屬狗要為新的一年，做好詳細的規劃，不可再繼續渾渾噩噩、稀裏糊塗了。尤其是上有老、下有小的中年人，要能夠承擔起家庭的重擔。另外，這個月要保持有規律的作息，還要控制強烈的購物欲望。

豬

肖【豬】者出生年份			
一九三五年	乙亥年	一九四七年	丁亥年
一九五九年	己亥年	一九七一年	辛亥年
一九八三年	癸亥年	一九九五年	乙亥年
二〇〇七年	丁亥年	二〇一九年	己亥年

屬【豬】二〇二五年大運

屬豬人沖太歲在二〇二五年的整體運勢稍有波動，需要特別關注家庭和工作上的變化。若有移民或是在外地置業的想法，今年不妨一試而且成事機會頗高。雖然得到吉星的幫助，亦不可忽視眾多凶星的影響，例如：「大耗」、「歲破」、「欄杆」及「披頭」。「大耗」為破財星，主財運欠佳，不適合進行任何高風險的投資或投機決定，減少因投資失誤而造成的損失。「歲破」入主代表人際關係的破敗，容易因無心之失而開罪別人。同時「欄杆」凶星則代表做事困難，容易產生一波三折的感覺，事業會出現嚴重阻滯。

此外，「披麻」入主會衝擊家宅運及健康運，不妨主動為家居進行小型裝修及更換家具。總括來說，在「沖太歲」的年份務必要事事小心，與此同時可主動做喜事沖喜，自然能提升個人運勢。

不同年份肖【豬】運程

一九三五年：乙亥年

身體明顯走下坡，長期病患者要提防秋天。

一九四七年：丁亥年

今年家宅運不佳耗用錢財較多，還要注意情緒問題。

一九五九年：己亥年

動中生財，不妨多走動。會有意想不到的收穫。

一九七一年：辛亥年

歲破影響感情人際關係轉差。已婚者則須防第三者插足，身邊會充斥不少流言蜚語。

感情方面今年桃花運旺盛，單身的男女可趁勢出擊，尋找屬於自己的情緣；已婚情侶則須提防牆外桃花。

一九八三年：癸亥年

求財困難，上班一族如無必要情況不要貿然辭職轉職。今年宜守不宜攻，動則破財。

一九九五年：乙亥年

一喜擋三災，結婚可使運勢平順。今年很易不結就分，要好好珍惜。

二〇〇七年：丁亥年

今年運勢偏好凡事吉樣如意，健康運未佳，要注意胃、脾等消化系統的健康，飲食要均衡，作息要有規律。

二〇一九年：己亥年

今年總體運勢不錯，有貴人照應，生活或者學習上的困難能在老師的幫助下得到解決。學習壓力較大，須做到勞逸結合，勤奮好學。

肖【豬】整體運勢

屬豬二〇二五年【事業】運勢

二〇二五年是蛇年，對於屬豬的人來說，是一個充滿活力的一年。

太歲相沖年，工作上會出現不同程度的變動，在「驛馬」星帶動下，不妨離開出生地到海外發展會更為有利。可主動爭取出遠門的機會，例如：到外地出差、開拓海外市場等。同時在「國印」吉星高照下，對事業運會有正面幫助，「國印」為古時候的帥印，有升職加薪之意。屬豬的朋友若有轉換工作的想法，可在今年付諸實行，有望覓得薪金高待遇好的工作機會。

但在凶星影響下，工作期間容易遇到多重困難，「欄杆」入主代表做事困難，今年會較為奔波勞碌，經常出現心力交瘁的感覺。「歲破」主人際關係的破敗，在工作上會遇到小人陷害。

屬豬二〇二五年【財富】運勢

屬豬的人在二〇二五年的財富運勢得到驛馬吉星的助力動中生財，有機會獲得良好的發財富機會。受到「沖太歲」及眾多凶星的影響下，整年財運平平，未見有太大起色。幸好在「驛馬」星的帶動下，外出機會增加，以「動中生財」的方式求財會較為有利。

自僱及營商者可嘗試開拓海外市場，有望取得不錯的成果。若未能開拓海外市場，則要注意今年的生意額會不升反跌，從而令整體收入下降。

打工一族若任職海外公司，有望在新一年升職加薪，至於任職本地公司的朋友，可主動爭取出差的機會，有望提升收入。

蛇年「大耗」凶星入主，主大破財，故不宜進行任何高風險的投資，同時要提醒自己不要胡亂花費，減少日常生活的開支。

屬豬二〇二五年【感情】運勢

在二〇二五年，屬豬的人有機會經歷變化。受到「巳亥相沖」的影響下，今年為感情最容易出現變化的年份。

正所謂「太歲當頭坐、無喜必有禍」已有穩定交往對象者，不妨在蛇年籌備婚禮，以喜事來應驗沖太歲的變化。

至於未能進行喜事的朋友，則容易出現感情變化、經歷離合，要提前做好心理準備。有婚姻者，會經常與伴侶爭執不斷，建議在今年落實添丁計劃，作為喜事沖喜。

沒有添丁打算的朋友，不妨用「小別勝新婚」的形式來相處，減少見面次數避免正面衝突。

至於單身者，在「驛馬」星動的年份，主動到外地旅遊放鬆心情，有望在異地結識心儀對象，看看能否開展一段異國情緣。

屬豬二〇二五年【健康】運勢

屬豬在二〇二五年的健康運一般，要特別注意腸胃方面的疾病，容易因為飲食不規律而導致腸胃不舒服，雖然不是很嚴重，但是如果不重視的話，很有可能會引發不良的後果，也會影響到正常的工作與學習。

肖豬者在沖太歲及眾多凶星的影響下，今年健康運及家宅運欠佳。再加上水火相沖，代表容易發生意外、災禍、手術、開刀，建議立春後便到廟宇「攝太歲」，或可進行捐血或洗牙，主動應驗血光之災。

凶星力量大，蛇年切忌參與任何高危險性的活動，例如：潛水、滑水、跳降落傘等等，以免出現手腳受傷。

此外，「披麻」入主會衝擊家宅運及健康運，不妨主動為家居進行小型裝修及更換家具，平日可多做善事。

另外可在開年後到醫院作詳細的身體檢查以應破財來保平安。

屬【豬】二〇二五年每月運勢

戊寅：農曆正月（西曆2月3日至3月4日）

事業財運兩得意，大展宏圖，此月多外出旅遊、探親訪友、合作、創業等會有意外收穫。

己卯：農曆二月（西曆3月5日至4月3日）

財運不理想，偏財方面也難有收益，投資、發展等均須慎重。且月犯刑傷，有時會無意中惹上是非，注意防範身邊的小人，以防上當受騙。

庚辰：農曆三月（西曆4月4日至5月4日）

財運較好，是增財納福的好時機，做事遊刃有餘，順風順水，只要用心經營便應有可喜收穫。

事業、工作均有不錯表現，名利雙收。

防有橫事惡災，小心即可。

辛巳：農曆四月（西曆5月5日至6月4日）

運程大佳，工作、事業順利。

財運興旺，對投資建廠、貿易、求官、求學等均是良機，應積極努力，把握時機，必有所得。

壬午：農曆五月（西曆6月5日至7月6日）

本月屬豬學習狀態不佳，會遇到不少煩心的事情，尤其是要考牌的上班族，失敗的概率很大。要專注於考試這件事，把其他事情暫且放到一邊。不過本月已婚人士感情運勢不錯，夫妻倆和睦融洽，家庭氛圍不錯。

癸未：農曆六月（西曆7月7日至8月6日）

本月屬豬出差應酬很多，需要參加各種酒局，要適當婉拒一些。還要控制酒量，不要為了項目和生意過度酗酒。

另外，本月要多花時間陪伴家中老人，還要及時關注其身體變化，一旦發現有不對勁的地方，要及時帶去醫院做檢查。

甲申：農曆七月（西曆8月7日至9月6日）

本月會感受到職場中競爭的激烈性，公司可能需要大規模裁員。要踏實努力，爭取多多表現自己，這樣便不會成為首批下崗失業人員。不過本月健康運勢不錯，不會遭受疾病的侵襲，每天都能擁有旺盛活力和精力。

乙酉：農曆八月（西曆9月7日至10月7日）

運勢旺盛，工作較為順利，財喜雙收，工作、事業均有相當的發展。且此月桃花極旺，也是屬鼠的人最佳的結婚月份，人際關係佳，有魅力，已婚者則需防範婚外桃花，小心陷入桃色緋聞。

丙戌：農曆九月（西曆10月8日至11月6日）

本月喜憂參半，運勢反復多變，困難重重，壓力大，動反吉利。正財運不佳，意外支出較多，不利於投資創業。但偏財運旺盛，宜投資證券、金融、期貨等風險類的投資，財利豐厚。

丁亥：農曆十月（西曆11月7日至12月6日）

本月屬豬綜合運勢亮眼，會遇到很多開心的事情，心情也會跟著好起來。要把握住旺盛機遇，不管是學業還是事業，都要多多努力。同時本月愛情的萌芽也會落地生根，屬豬的人要用心澆灌與呵護，這樣才能擁有美滿愛情和婚姻。

戊子：農曆十一月（西曆12月7日至26年1月4日）

有貴人利於升職、求名利等，十分有利於工作事業的開展，前期策劃的事情，在本月有所收穫，但要踏踏實實地去做自身的工作，切忌見異思遷，同時注意口舌，避免與人爭吵。

財運可觀，可投資擴產，創業、經商等均有利可得。

己丑：農曆十二月（西曆26年1月5日至2月3日）

運勢興旺，有貴人相助，適合於求官、謀求正式職務等，工作、事業有更進一步的發展，因為此月由丑牛主事，在理財上會有較大的開支，同時在腦力與體力上都會有一定的付出。

肖【鼠】者出生年份			
一九三六年	丙子年	一九四八年	戊子年
一九六〇年	庚子年	一九七二年	壬子年
一九八四年	甲子年	一九九六年	丙子年
二〇〇八年	戊子年	二〇二〇年	庚子年

屬【鼠】二〇二五年大運

對於屬鼠來說，二〇二五年的整體運勢是能者多勞的年份，再加上有眾多吉星聚集，不論是財運、事業運均較去年有明顯進步，取得理想成績。

蛇年事業發展順遂、財源滾滾來，工作期間即使遇到問題，亦會在貴人相助下而逢凶化吉，務必要好好把握良機，令事業更上一層樓。

在「紫微」及「龍德」兩顆強而有力的貴人星拱照下，今年事業發展如日中天、一帆風順，並能獲得貴人的提攜及賞識，不妨主動出擊，展現自身的工作能力，能獲得眾人認可。再加上「天乙」貴人星進駐，代表消災解難、逢凶化吉，即使偶爾碰倒上難題亦無需過分憂慮。自僱及從商者，在新舊客戶的支持下，藉此機會不妨拓展業務，令事業版圖擴大。打工一族，一直以來勤勤懇懇，終於得到回報，蛇年為大放光彩的年份。

不同年份肖【鼠】運程

一九三六年：丙子年
運勢大致良好，身體健康有所改善。

一九四八年：戊子年
今年年齡已高注意飲食，是年人際關係不錯，能與後輩融洽相處。

一九六〇年：庚子年
乙庚相合人緣貴人大旺，可靠人事令自己更便利。營商者容易獲利，帶動整體財運向好。

一九七二年：壬子年
今年家宅運一般，容易出門受傷。小心手腳關節等部位。

一九八四年：甲子年

今年的工作事業及財運生活方面均為得利，要好好地把握好運勢，財源廣進。吉星拱照健康一定會變好的。

一九九六年：丙子年

今年能聚積財富，努力工作能賺到人生第一桶金。

二〇〇八年：戊子年

今年學業退步，心散不能專心做事。人生漫長，要盡快定下理想。

二〇二〇年：庚子年

精力旺盛，可多參與戶外活動。對身心都帶幫助。

肖【鼠】整體運勢

屬鼠二〇二五年【事業】運勢

進入二〇二五年，屬鼠的事業之路比較去年平坦順利，蛇年在「紫微」、「龍德」及「天乙」多顆充滿力量的貴人星高照下，工作發展順利，事業發展較過去數年明顯進步，務必要把握良機，在好運的時間努力工作爭取更佳成績。

自僱及從商者，得益於良好的人際關係，透過新舊客戶的支持下帶動生意額上升，可考慮在蛇年開展新業務或推出新產品，增加營業額，令整體生意更一上層樓。

打工一族，蛇年運勢高企，工作期間可主動展現自我能力，對公司所提出的意見及建議，會獲得上司或老闆的接納，令人刮目相看，從而打好未來事業的基礎。

緊記好運不常有，若能抓緊機會，便能令人生更上一層樓。

屬鼠二〇二五年【財富】運勢

進入二〇二五年，屬鼠的人是多勞多得的年份，主要以正財收入為主。在「紫微」及「龍德」吉星幫助下，有望得到貴人相助。

從商或自僱者，在新舊客戶的支持下，整年營業額穩步上揚，只要努力經營業務，便能在新一年爭取更高的營業額，提升整個蛇年的正財收入。

打工一族可得到上司或老闆賞識，有望升職加薪，今年加薪幅度較大，再加上花紅、獎金，整體收入較以往數年明顯進步。

由於受到「暴敗」星影響，代表財運上落較大，偏財運欠奉。因此不宜投資高風險的理財產品，同時避免持有賺快錢的心態，相反應該增強自我能力，把心思放在工作上而非投機或賭博。

屬鼠二〇二五年【感情】運勢

屬鼠在二〇二五年的感情運勢算是一般。蛇年沒有任何桃花星飛臨，幸好屬鼠者天生桃花運旺盛，想順利脫單並非難事。

單身的男士，若想開啟一段新戀情，務必要主動出擊，首先要改變一下自我形象，換一個新髮型以及改變一向的穿衣風格，再主動爭取機會，多參與社交聚會務求擴闊交友圈子，自然能增加遇上心儀對象的機會。

單身的女士在選擇伴侶時不要太過挑剔，否則會導致遲遲未能脫單。不妨詢問身邊好友，了解清楚自己對伴侶的要求是否太高。

已有伴侶者，切勿因工作繁忙而冷落對方，令雙方關係轉為平淡。

屬鼠二〇二五年【健康】運勢

在二〇二五年，屬鼠的健康運勢在吉星高照下，新一年健康運不錯。早前飽受疾病困擾的朋友，來到蛇年時來運轉，終於能夠找到根治的方法，實在可值得恭喜。

本年工作較為繁忙，休息時間不足令身體出現健康的問題，是時候維持良好的生活習慣，長期不良的生活習慣會導致心腦血管疾病。當中吸煙、過度飲酒、高脂肪或過量飲食、缺少運動、睡眠不足、不吃早飯等不良生活習慣，會對健康造成不利的影響，是時候作出改變。

畢竟健康才是一切的根本。此外，受到「天厄」凶星的影響下，代表出門容易遇到意外、手腳受傷，故不宜進行高危活動。

屬【鼠】二〇二五年每月運勢

戊寅：農曆正月（西曆2月3日至3月4日）

運程有回春之意，但總體上仍不吉，凡事應以穩為主，在穩中求發展，不宜輕舉妄動，在投資方面一定要看準時機，合作不適合，以免上當受騙。

感情上容易出現口舌及矛盾，已婚者應注意桃花劫，未婚者感情不穩定，宜出現三角戀。

己卯：農曆二月（西曆3月5日至4月3日）

有貴人相助，工作、事業壓力較大，宜安分守己方可保事業有一定的發展，財運較為一般，不宜合夥投資，防借錢不還。

感情上桃花大旺，對於未婚的生肖虎的人而言，多有喜慶之事，在婚姻感情上有積極的資訊出現；但對於已婚者則須慎防婚外情，以免受此影響家庭幸福。

庚辰：農曆三月（西曆4月4日至5月4日）

有犯上之嫌，雖有好運，但也要嚴謹行事，防小人陷害及口舌官司，低調行事，全身心地赴向自己的事業，學生方面，學業上亦有進步。

辛巳：農曆四月（西曆5月5日至6月4日）

運勢好轉，工作、事業、財運均有一定進展，但寅巳相害相刑，多有小人當道，應注意防範上當受騙之事，容易為金屬所傷，開車出門時需要注意交通安全，切忌飆車、酒後駕車、闖紅燈等行為。

壬午：農曆五月（西曆6月5日至7月6日）

貴星高照，遇事逢凶化吉，多有吉慶之事，財運也有所轉機，可投資、設廠、創業等，事業、工作均有進展，把握良機，銳意進取，必有收穫。

感情上桃花大旺，異性緣頗佳，單身男女要把握住機會，已婚者切勿招惹野桃花，以免破財。

癸未：農曆六月（西曆7月7日至8月6日）

財運仍佳，有利於外出求財，多主有意外之財，外出辦事也會達到理想的目標。但寅木剋未土，有犯上之嫌，工作上謹防與人發生爭執，忌口舌是非，多做事少說話。

甲申：農曆七月（西曆8月7日至9月6日）

運程較為反復動盪，對於虎人而言可謂是多事之秋，財運、事業均不順利，阻力重重，且容易為金屬所傷，特別要注意交通安全，如有不慎易引發血光之災，此月易犯口舌官司，且應特別留心家中老人健康，多有病災。

乙酉：農曆八月（西曆9月7日至10月7日）

運程有回轉之勢，工作、事業有所發展，可經商、投資建廠、創業等，但仍須防小人，切忌與人發生口舌爭執，慎防傷損。

感情方面本月桃花運旺，異性緣佳，已婚者須謹防惹上爛桃花。

蛇 馬 羊 猴 雞 狗 豬 鼠 牛 虎 兔 龍

丙戌：農曆九月（西曆10月8日至11月6日）

運勢暢順，凡事必能逢凶化吉，並且得貴人相助，財運興旺，對經商、投資建廠、創業等均是好機會，銳意進取，必有所收穫。

偏財運也亨通，宜進行如證券、金融、期貨等風險類的投資，但此月歲破，宜提防小人作祟，惹起波瀾。

丁亥：農曆十月（西曆11月7日至12月6日）

運勢旺盛，工作較為順利，財喜雙收，工作、事業均有相當的發展，要及時把握時機，拓展事業。

感情上桃花運興旺，單身男女可在此月主動出擊，尋找自己的另一半，良緣易結，喜事多多，是個結婚嫁娶的好時機，夫妻感情也融洽，婚姻美滿。

戊子：農曆十一月（西曆12月7日至26年1月4日）

運勢偏旺，仍有利於各方面事情的進一步發展，但營謀作事，仍宜平實漸進，按部就班，獲利自然佳。

感情方面桃花運也旺，未婚者易尋找到適合自己的理想伴侶，有婚易成。已婚的之人則應防有第三者的插足，須加強溝通與相互諒解。

己丑：農曆十二月（西曆26年1月5日至2月3日）

運勢平平，此月應以休養、策劃為主，以求來年蓄勢待發，做任何事情皆應小心謹慎為好，凡事宜按部就班，以靜制動，切不可衝動妄為。

感情方面，桃花一般，應多花時間來陪伴愛侶，以免感情出現裂痕，單身男女良緣難覓，應充分把握稍縱即逝的機會。

牛

肖【牛】者出生年份			
一九三七年	丁丑年	一九四九年	己丑年
一九六一年	辛丑年	一九七三年	癸丑年
一九八五年	乙丑年	一九九七年	丁丑年
二〇〇九年	己丑年	二〇二一年	辛丑年

屬【牛】二〇二五年大運

乙巳年屬牛者為「巳酉丑」三合的生肖之一，即代表與太歲關係友好，故此屬牛的朋友運勢較為穩定，人際關係亦不俗。若在工作、感情遇上問題，不妨向肖雞、肖蛇及肖鼠的朋友請教，能找到解決的方法。同時新一年不妨主動與肖雞者一起合作做生意或投資，在肖雞者的幫助下，凡事都能逢凶化吉，更能夠增強自身運勢。

今年為利財年，寓意事業發展順遂求財易得財，屬牛者務必要把握機會。事業上蛇年有「華蓋」吉星進駐，「華蓋」星代表古時皇帝出巡所用的綢傘，象徵藝術創作才能得以發揮，以及對玄學、哲理、宗教產生興趣，有步步高陞之意，代表事業發展會較為理想。

至於凶星「白虎」入主容易遇上性格強勢、野蠻無理的女性，故此要控制好個人情緒，避免與人起正面衝突。建議工作場合保持低調，不要對他人的事情發表意見，只管做好自己眼前的事。

不同年份肖【牛】運程

一九三七年：丁丑年

年紀日漸老去，務必緣個人健康為首要。今年健康偏弱，注意冬天保暖。

一九四九年：己丑年

今年運勢反復多變。健康平穩，注意日常衛生即可。

一九六一年：辛丑年

乙辛沖金剋木，注意手腳關節容易受傷。是年有機會開刀做手術之險。財運不佳，不宜投資、賭博。

一九七三年：癸丑年

運勢偏差，工作壓力大，事業變數多，財運不濟，開銷花耗大，不明不白的損財，合作不宜，防借錢不還等，工作、事業守舊為上，動要三思而後行。

一九八五年：乙丑年

多關注一下子女的感情以及工作問題，多與孩子溝通，這樣有利於建立一個良好的親子關系，也會讓子女少走一些彎路。

一九九七年：丁丑年

單身男仕容易遇上一位強勢女性。工作表現不俗，與同事、上司和睦共處。

二〇〇九年：己丑年

財運很好，父母會增加零用錢給你。是時候要學會理財使自己累積財富。

二〇二一年：辛丑年

學習能力變強，開始學會有責任感。

肖【牛】整體運勢

屬牛二〇二五年【事業】運勢

進入二〇二五年，屬牛的事業運勢不錯，受惠於華蓋吉星在工作當中表現的很優秀，個人能力會有不小的提升。

今年與太歲相合，工作表現出色，事業發展順遂。在「華蓋」吉星高照下，工作表現得到別人的認同及賞識，會有一種傲視群雄的氣勢，特別有利於從事創作、設計行業的朋友，更可在職場上大展拳腳，展示個人出色的領導才能。但「華蓋」星有自視過高之意，與他人相處時經常自我感覺良好，而令身邊人不滿。幸好蛇年得到太歲相合的幫助，一旦工作期間遇到困難，在貴人扶持下可順利解決。

有意轉換工作的朋友，可付諸實行，能覓得合適及待遇較好的工作。注意的是始終受到「白虎」凶星入主，工作期間會容易遇到處處針對你的女性小人，只要做好份內事即可

屬牛二〇二五年【財富】運勢

屬牛在本年度的財運都不錯，整體發展機遇很多。本年是容易進財的年份。蛇年八方來財、財來自有方，不論在正財、偏財或橫財皆有所進步，若遇到合適的機會，不妨大膽一試積極爭取。

今年與太歲相合人緣頗佳、貴人力強，容易有相熟朋友主動找你合作做生意或投資，不妨認真考慮期望得到不錯的回報。同時亦可主動出擊，邀請肖雞及肖鼠的朋友一起合作投資，有望取得豐厚的回報。

自僱及營商者，在強勁貴人的幫助下，整體營業額上升令利潤增加。打工一族工作表現良好出色，望透過升職加薪而增加整年的收入。

此外，學習做好理財規劃，用最有效能的方式處理資產，即使將來遇到突如其來的開支，亦能從容面對。

屬牛二〇二五年【感情】運勢

受惠於太歲相合之力量，屬牛者新一年桃花運尚可。單身的女士宜積極參加不同類別的社交聚會，例如同學、同事、工作聚會等擴展個人社交圈子。單身的男士在「白虎」星的影響下，容易遇上性格較為野蠻及強勢的女士，建議開展一段關係前，務必要想清楚是否能接受對方的個性。

有婚姻者今年容易出現感情枝節問題，受到「華蓋」星的影響下，工作應酬較多，甚少有相聚時間。

內心感到孤單寂寞，夫婦間容易產生間隙，對伴侶有疑神疑鬼、互相不信任的情況發生。建議學會信任另一半，不要經常向伴侶詢問對方的行程，否則長遠來說只會令伴侶感到煩厭。

屬牛二〇二五年【健康】運勢

屬牛在二〇二五年的健康運勢表現的還是非常不錯的，在健康方面基本上不會出現太大的問題。

健康運較為理想的一年，去年一直困擾已久的健康問題，來到新一年終於能夠對症下藥。

不過出生在夏天的朋友，今年容易患上與眼睛、心臟、血液、血管及皮膚相關的疾病，建議保持均衡飲食，避免吃含過量脂肪、油、鹽及糖份過高的食物，同時可在龍年年尾到醫院進行詳細的身體檢查，以防萬一。

出生在冬天的朋友，健康運相對良好，但受到「白虎」凶星的影響下，容易被動物咬傷，接觸陌生的動物前，要了解清楚動物的性格，以免有血光之災。

屬【牛】二〇二五年每月運勢

戊寅：農曆正月（西曆2月3日至3月4日）

運程有回春之意，但總體上仍不吉，凡事應以穩為主，在穩中求發展，不宜輕舉妄動，在投資方面一定要看準時機，合作不適合，以免上當受騙。

感情上容易出現口舌及矛盾，已婚者應注意桃花劫，未婚者感情不穩定，宜出現三角戀。

己卯：農曆二月（西曆3月5日至4月3日）

有貴人相助，工作、事業壓力較大，宜安分守己方可保事業有一定的發展，財運較為一般，不宜合夥投資，防借錢不還。

庚辰：農曆三月（西曆4月4日至5月4日）

感情上桃花大旺，對於未婚的生肖虎的人而言，多有喜慶之事，在婚姻感情上有積極的資訊出現；但對於已婚者則須慎防婚外情，以免受此影響家庭幸福。

辛巳：農曆四月（西曆5月5日至6月4日）

運勢好轉，工作、事業、財運均有一定進展，但寅巳相害相刑，多有小人當道，應注意防範上當受騙之事，容易為金屬所傷，開車出門時需要注意交通安全，切忌飆車、酒後駕車、闖紅燈等行為。

壬午：農曆五月（西曆6月5日至7月6日）

運程有回轉之勢，工作、事業有所發展，可經商、投資建廠、創業等，但仍須防小人，切忌與人發生口舌爭執，慎防傷損。

感情方面本月桃花運旺，異性緣佳，已婚者須謹防惹上爛桃花。

癸未：農曆六月（西曆7月7日至8月6日）

財運仍佳，有利於外出求財，多主有意外之財，外出辦事也會達到理想的目標。但寅木剋未土，有犯上之嫌，工作上謹防與人發生爭執，忌口舌是非，多做事少說話。

甲申：農曆七月（西曆8月7日至9月6日）

運程較為反復動盪，對於虎人而言可謂是多事之秋，財運、事業均不順利，阻力重重，且容易為金屬所傷，特別要注意交通安全，如有不慎易引發血光之災，此月易犯口舌官司，且應特別留心家中老人健康，多有病災。

乙酉：農曆八月（西曆9月7日至10月7日）

運勢暢順，凡事必能逢凶化吉，並且得貴人相助，財運興旺，對經商、投資建廠、創業等均是好機會，銳意進取，必有所收穫。

偏財運也亨通，宜進行如證券、金融、期貨等風險類的投資，但此月歲破，宜提防小人作祟，惹起波瀾。

丙戌：農曆九月（西曆10月8日至11月6日）

貴星高照，遇事逢凶化吉，多有吉慶之事，財運也有所轉機，可投資、設廠、創業等，事業、工作均有進展，把握良機，銳意進取，必有收穫。

感情上桃花大旺，異性緣頗佳，單身男女要把握住機會，已婚者切勿招惹野桃花，以免破財。

丁亥：農曆十月（西曆11月7日至12月6日）

運勢旺盛，工作較為順利，財喜雙收，工作、事業均有相當的發展，要及時把握時機，拓展事業。

感情上桃花運興旺，單身男女可在此月主動出擊，尋找自己的另一半，良緣易結，喜事多多，是個結婚嫁娶的好時機，夫妻感情也融洽，婚姻美滿。

戊子：農曆十一月（西曆12月7日至26年1月4日）

運勢偏旺，仍有利於各方面事情的進一步發展，但營謀作事，仍宜平實漸進，按部就班，獲利自然佳。

感情方面桃花運也旺，未婚者易尋找到適合自己的理想伴侶，有婚易成，已婚的之人則應防有第三者的插足，須加強溝通與相互諒解。

己丑：農曆十二月（西曆26年1月5日至2月3日）

運勢平平，此月應以休養、策劃為主，以求來年蓄勢待發，做任何事情皆應小心謹慎為好，凡事宜按部就班，以靜制動，切不可衝動妄為。

感情方面，桃花一般，應多花時間來陪伴愛侶，以免感情出現裂痕，單身男女良緣難覓，應充分把握稍縱即逝的機會。

肖【虎】者出生年份

一九三八年	戊寅年	一九五〇年	庚寅年
一九六二年	壬寅年	一九七四年	甲寅年
一九八六年	丙寅年	一九九八年	戊寅年
二〇一〇年	庚寅年	二〇二二年	壬寅年

屬【虎】二〇二五年大運

本年蛇年為屬虎者「刑太歲」之年，「寅巳相刑」會影響人際關係、情緒、健康運及感情運，因此新一年要特別小心處理人際關係，以免影響運勢。

幸好今年貴人運強勁，而且有兩顆力量強勁的吉星拱照，包括：「天德」及「福德」，會對事業運及財運有所幫助。「天德」吉星代表上天之德，主可得貴人之助，必定能在蛇年能逢凶化吉、化險為夷，對事業發展會有明顯幫助，而且能結識德行悟性較好的朋友。「福德」則是代表福氣，只要主動出擊、積極進取，蛇年事業將會有不錯的表現，宜多加把握得來不易的好運，雖然為犯太歲的生肖，但遇到困難時仍能逢凶化吉，得到貴人的幫助。

蛇年始終是犯太歲的生肖之一，以及在眾多凶星影響下人際關係出現明顯倒退容易得罪他人，以及家宅運欠順，故此要時刻注意家中長輩的健康情況。

不同年份肖【虎】運程

一九三八年：戊寅年
今年家宅運欠佳，應避免探病問喪。

一九五〇年：庚寅年
天干乙庚合，人際關係有進步。與家人和睦共處，子孫皆賢。

一九六二年：壬寅年
財運不過不失，不宜做太高風險投資以免失財。外出時要注意損傷，車船小心。

一九七四年：甲寅年
今年是辛苦得財之年，工作、財運、事業均感有壓力，都難有突破性進展。

一九八六年：丙寅年

今年整體運勢不錯，工作事業上有相當發展，且有貴人相助，凡事事半功倍，財運大佳，求職、營謀、創業等均是良機，宜積極進取，必大有所獲，但今年須防損傷，外出宜謹慎。

一九九八年：戊寅年

吉星高照之年，受貴人星帶動下本年各方面皆表現出色。遇事能逢凶化吉，貴人相助。感情方面，桃花一般，應當防有第三者插足。

二〇一〇年：庚寅年

今年健康不佳、成績欠佳。心情及情緒都受影響，求學之年遇事不決時不妨多請教師長，或會有意想不到的結果。

二〇二二：壬寅年

今年獨立能力強，家長可放心讓孩子自行在成長中學習。

肖【虎】整體運勢

屬虎二〇二五年【事業】運勢

進入二〇二五年屬虎的事業發展尚算不錯，受吉星【天德】吉星帶動下在職者在工作上漸入佳境，多勞多得薪金加幅亦是令人滿意的。若計劃另謀事業發展今年都是合適的年份，較容易受到上司賞識及重用。

在吉星的扶持下，事業發展順遂。當中對自僱及營商者特別有利，一直以來出色的工作表現，終於得到他人的欣賞及賞識，可在職場上大展拳腳，發揮個人所長，不妨把握機會發展新的業務範圍，令事業版圖擴大。

打工一族可主動在上司面前表現自己，有望獲得升職加薪的機會。但始終是「刑太歲」及「害太歲」的生肖，再加上「捲舌」凶星入主，代表工作時會遭到同行或同事的妒忌，導致是非、謠言較多，不用放上心只管做好自己的事便可以。

屬虎二〇二五年【財富】運勢

屬虎在二〇二五年的財運也相對穩定，貴人相助的一年，再加上得到兩顆強而有力的吉星高照下，不論在正財運或是偏財運均會有所進步。在「天德」及「福德」兩顆貴人吉星加持下，表示可得貴人相助，自僱及營商者在客戶的鼎力支持下，令生意額蒸蒸日上整體利潤大增。打工一族亦可得到上司及老闆的賞識，令正財收入較以往有所增長。但是在「刑太歲」及「破太歲」的影響下，容易有財務糾紛。因此，與他人合作做生意或投資前，一定要清楚地寫下雙方的利益，以免發生爭執。同時今年健康運及家宅運欠佳，會產生許多突如其來的開支。

屬虎二〇二五年【感情】運勢

屬虎在二〇二五年的感情發展一般，皆因本年並沒有桃花吉星飛臨命宮。單身的朋友，由於今年並沒有任何桃花星高照，再加上「刑太歲」及「害太歲」的影響下，桃花運較差。相對其他生肖而言，認識異性朋友的機會較低，若要成功脫離單身，則要主動出擊。不妨主動邀請身邊的女性長輩，為你介紹年齡相若的異性朋友，其次可主動參與不同的社交活動或報讀興趣班，增加結識異性的機會。

有婚姻者，與伴侶關係出現時好時壞，盡量不要經常為了小事而跟伴侶爭吵，對方只會覺得你無理取鬧，長久下來必定會影響雙方感情，處理感情的時候要學會忍讓。

此外，由於受到「劫煞」及「披麻」凶星的影響下，伴侶的身體容易出現問題，要時刻留意對方的身體狀況。

屬虎二〇二五年【健康】運勢

屬虎在二〇二五年的健康運勢不是很好，受本災煞凶星的影響在日常生活當中身體四肢易有損傷，駕駛車輛工作者要格外留神切勿違規。受到「刑太歲」及「害太歲」的影響下，今年的健康運及家宅運欠佳，可在立春後到廟宇「攝太歲」，並在正月及農曆七月主動捐血或洗牙，以減輕犯太歲的影響。再加上「劫煞」、「羊刃」及「披麻」凶星入主，代表家宅運欠佳，可考慮為家居進行小型維修或更換大家具，有助提升家宅運程。

同時需要特別留意自己及家中長輩的健康情況，若家中有長期病患者，務必要時刻留意對方的身體狀況，若有不適馬上求醫。

此外家宅運欠佳的年份，切忌探病問喪，不宜出入陰氨較重的地方，例如：醫院、墳場等地，以免沾染負能量影響個人氣場。

屬【虎】二〇二五年每月運勢

戊寅：農曆正月（西曆2月3日至3月4日）

運勢偏差，工作、事業、財富等各方面的難有發展，宜腳踏實地，堅守舊業，穩妥發展，小心口舌是非，若遇到無禮粗暴的人，也應當多加忍讓，以免發生口角，以致惹上官非，多做事少說話。

己卯：農曆二月（西曆3月5日至4月3日）

有相劫之勢，做事不投機取巧，正當營謀方有財利，工作事業會遇到一定的阻力，經商、投資、建廠、開公司等項目須謹慎，不可盲動，凡事多加忍讓，以免發生口角是非，甚至官非。

庚辰：農曆三月（西曆4月4日至5月4日）

有一些不順心的事情發生，特別是在合作、交友方面，往往都是自己付出的較多，收回的很少，並且易出現官司、口舌爭執之事，工作、事業、財運等均不利。

辛巳：農曆四月（西曆5月5日至6月4日）

運勢有所好轉，工作、事業有發展，地位有高升機會，財運也有轉機，凡與變動有關的都是較為有利的，但傷官月令，是非口舌不少，人際關係不佳，工作事業方面應謹慎，凡事應三思而行。

壬午：農曆五月（西曆6月5日至7月6日）

運勢興旺，工作、事業變得較順暢，發展前景光明，有貴人相助，財運亨通，可開創事業，投資擴展，終有所獲。

感情方面，情侶或夫妻感情也較穩定，單身男女此月桃花運大旺，有異性緣，應主動把握時機。

癸未：農曆六月（西曆7月7日至8月6日）

運勢順暢，且得貴人來助，工作、事業有新的發展機會，宜抓住這有利的天時地利，銳意進取，大有所獲，稍有不利的是與太歲相害，投資仍應謹慎對待。

感情方面桃花運大旺。

甲申：農曆七月（西曆8月7日至9月6日）

運勢急轉而下，故此月做事要穩重，困難重重，壓力大，小心官非口舌，在事業和工作方面不要有大的投資。

學子們異性緣太旺，命犯桃花，難以專心於學業。

乙酉：農曆八月（西曆9月7日至10月7日）

運勢低迷不振，諸事不順，凡事動盪不穩定，同時要注意是非口舌，避免與人爭吵。投資擴產，創業、經商等均不利。

感情方面，本月桃花運旺，異性緣頗佳，已婚者須謹防惹上爛桃花，學子們無心向學不利學業。

丙戌：農曆九月（西曆10月8日至11月6日）

整體運勢良好，事業呈上升趨勢，對於從政人員來講，十分有利於職務的晉升；經商者了投資、創業發展，與人合作的專案更易取得成功，尤其可獲得意外助力。

財運也較為理想，然而流年不利，要小心官非小人。

丁亥：農曆十月（西曆11月7日至12月6日）

有貴人相助，運勢旺盛，謀事易成，事業上只要營謀得當，自然能獲得平穩發展，但要謹記月值歲破，凡事不可急進，宜步步為營，另外要提防有突發事件，以免破財。

財運順利，橫財運亨通，可進行風險類投資。

戊子：農曆十一月（西曆12月7日至26年1月4日）

整體運勢良好，事業呈上升趨勢，對於從政人員來講，十分有利於職務的晉升；經商者了投資、創業發展，與人合作的專案更易取得成功，尤其可獲得意外助力。

財運也較為理想，然而流年不利，要小心官非小人。

己丑：農曆十二月（西曆26年1月5日至2月3日）

運勢不通，投資、發展等阻力重重，且月犯刑傷，有時會無意中惹上是非，注意防範身邊的小人，少說話多做事，投資謹慎，儘量避免官司、口舌之事的發生。

感情上桃花大旺，未婚男女均會有理想的對象出現，宜好好把握，已婚男女則易婚外生情。

肖【兔】者出生年份			
一九三九年	己卯年	一九五一年	辛卯年
一九六三年	癸卯年	一九七五年	乙卯年
一九八七年	丁卯年	一九九九年	己卯年
二〇一一年	辛卯年	二〇二三年	癸卯年

屬【兔】二〇二五年大運

踏入蛇年，屬兔者終於脫離連續兩年犯太歲的影響，實在恭喜。今年為貴人運旺盛的一年，再加上得到「祿勳」吉星高照，令整體的財運、事業運及人際關係較去年有明顯的改善。「祿勳」吉星代表朝廷俸祿和正財運，象徵新一年事業運順暢。

自僱及營商者工作表現出色，受到眾人的欣賞和賞識，可在職場上大展拳腳。打工一族，可好好把握得來不易的機會，在上司或老闆面前積極表現自己，有望獲得升職加薪的機會。若有意轉工跳槽或尋求變化的朋友，能找到更好薪金待遇的工作，不妨付諸實行。

但蛇年受到「天狗」、「災煞」及「吊客」凶星的影響下，對家宅運及健康運特別不利。

不同年份肖【兔】運程

一九三九年：己卯年
今年吉星高照，健康比往年進步。可多接觸大自然，身心健康。

一九五一年：辛卯年
乙辛沖金剋木小心手術忍憂，避免使用金屬利器使自己受傷。

一九六三年：癸卯年
今年整體運勢不錯，平安吉祥，事事如意，健康方面仍有小毛病等。

一九七五年：乙卯年
今年總體運勢還是比較理想，工作事業有貴人相助，財運也利，宜積極進取，必大有所獲。

一九八七年：丁卯年

今年運程亨通，財喜雙收，工作事業均有相當的發展，凡事事半功倍，求職、營謀、婚嫁等均是良機。

感情方面今年桃花旺盛，對單身男女今年而言，異性緣佳，有婚易成，但已婚者須提防桃花劫，以免因色破財。

一九九九年：己卯年

今年是事業變動的一年，有轉工思想的可放心大膽安排。新環境工作會使人煥然一新，精神爽利。

二〇一一年：辛卯年

今年家宅運欠佳，容易有小受傷。

二〇二三年：癸卯年

健康運一般，家長要小心。學習之年對任何事對感到興趣，耐心教導將進步不少。

肖【兔】整體運勢

屬兔二〇二五年【事業】運勢

今年可得到貴人相助，為事業發展順遂的一年，蛇年得到「祿勛」吉星進駐，主朝廷俸祿，對打工一族特別有利，可好好把握得來不易的機會，在上司或老闆面前積極表現自己，有望獲得升職加薪的機會，為未來的事業發展打好良好根基。若有意轉工或尋求變化的朋友，不妨在蛇年付諸實行，走出舒適圈，開闊視野、拓展人脈，相信自己能找到更好薪金及待遇的工作。

自僱及營商者，早兩年受到犯太歲的影響下，令事業停滯不前，幸好今年脫胎換骨，工作上可實行計劃已久的方案，並能得到貴人的幫忙，在工作領域得到地位提升，取得良好的成果。

屬兔二〇二五年【財富】運勢

屬兔在二〇二五年的財富運勢樂觀，蛇年為貴人運強勁之年，財運較去年進步不少。今年得到「祿勛」吉星拱照，此星代表朝廷俸祿，財運亨通，對打工一族甚為有利，新一年有望升職加薪，加薪幅度符合預期。

自僱及營商者，得益於吉星的力量，蛇年生意額節節上升，令整體利潤增加。

今年偏財運亦不俗，若遇到合適的投資機會不妨一試，能得到意外之財。受到「吊客」及「災煞」凶星的影響下，導致家宅運一般，會出現很多意外支出。

除此以外「天狗」代表容易有金錢損失，因此與他人合作做生意或投資前，一定要寫清楚雙方利益，以免有所爭執。

屬兔二〇二五年【感情】運勢

屬兔在二〇二五年的感情運勢不是很樂觀，蛇年並沒有任何與桃花有關的吉星進駐，幸好屬兔者天生桃花運旺盛。單身的男士可積極參與不同社交聚會，便有機會結識到心儀的女士，主動追求對方有望締結一段良緣。

單身的女士可邀請女士長輩為你介紹年齡相近的男士，不用太過抗拒結識新的異性，即使無法談戀愛亦能成為朋友。

有婚姻者與伴侶相處平淡，一起的時間久了自然會變成老夫老妻。平日可主動為伴侶製造神秘浪漫的約會，為對方送上驚喜，感情與工作同樣是需要時間及精神經營。

此外由於受到「吊客」、「天狗」及「災煞」凶星的影響下，伴侶的身體容易出現狀況，要時刻留意對方健康。

屬兔二〇二五年【健康】運勢

本年是健康運及家宅運欠佳的一年，務必要時刻注意身體狀況。蛇年受到「吊客」及「天狗」凶星的影響下，經常會心情低落、容易受到情緒困擾，因此盡量別探病問喪，亦不宜出入陰氣較重的地方，例如：醫院、殯儀館、墳場等地，以免沾染負能量影響個人氣場，導致心情鬱悶運程下滑。加上「災煞」凶星入主，特別不利出門容易發生小意外，例如財物損失及手腳受傷等。

同時本年亦要多加注意家中長輩的健康情況，若有發現不適要馬上求醫切記拖延病情，以免耽誤治療。

今年可主動為家居進行小型維修或更換家具，此舉能提升家宅運。

屬【兔】二〇二五年每月運勢

戊寅：農曆正月（西曆2月3日至3月4日）

運勢偏差，工作、事業、財富等各方面的難有發展，宜腳踏實地，堅守舊業，穩妥發展，有相劫之勢，做事不投機取巧，正當營謀方有財利。

己卯：農曆二月（西曆3月5日至4月3日）

工作事業會遇到一定的阻力，經商、投資、建廠、開公司等項目須謹慎，不可盲動，凡事多加忍讓，以免發生口角是非，甚至官非小心口舌是非，若遇到無禮粗暴的人，也應當多加忍讓，以免發生口角，以致惹上官非，多做事少說話。

庚辰：農曆三月（西曆4月4日至5月4日）

運勢有所好轉事業運大佳，工作、事業有發展，地位有高升機會，財運也有轉機，凡與變動有關的都是較為有利的，但是非口舌不少，人際關係不佳，工作事業方面應謹慎，凡事應三思而行。

辛巳：農曆四月（西曆5月5日至6月4日）

有一些不順心的事情發生，特別是在合作、交友方面，往往都是自己付出的較多，收回的很少，並且易出現官司、口舌爭執之事，工作、事業、財運等均不利。

壬午：農曆五月（西曆6月5日至7月6日）

運勢順暢，且得貴人來助。工作、事業有新的發展機會，宜抓住這有利的天時地利，銳意進取大有所獲。

蛇 馬 羊 猴 雞 狗 豬 鼠 牛 虎 兔 龍

癸未：農曆六月（西曆7月7日至8月6日）

運勢興旺，工作、事業變得較順暢，發展前景光明，有貴人相助，財運亨通，可開創事業，投資擴展，終有所獲。

感情方面，情侶或夫妻感情也較穩定，單身男女此月桃花運大旺，有異性緣，應主動把握時機。

甲申：農曆七月（西曆8月7日至9月6日）

運勢急轉而下，故此月做事要穩重，困難重重，壓力大，小心官非口舌，在事業和工作方面不要有大的投資。

乙酉：農曆八月（西曆9月7日至10月7日）

運勢低迷不振，諸事不順，凡事動盪不穩定，同時要注意是非口舌，避免與人爭吵。投資擴產，創業、經商等均不利。

感情方面，本月桃花運旺，異性緣頗佳，已婚者須謹防惹上爛桃花，學子們無心向學，不利學業。

丙戌：農曆九月（西曆10月8日至11月6日）

有貴人相助，運勢旺盛，謀事易成，事業上只要營謀得當，自然能獲得平穩發展，但要謹記月值歲破，凡事不可急進，宜步步為營，另外要提防有突發事件，以免破財。

財運順利，橫財運亨通，可進行風險類投資。

丁亥：農曆十月（西曆11月7日至12月6日）

整體運勢良好，事業呈上升趨勢，對於從政人員來講，十分有利於職務的晉升；經商者了投資、創業發展，與人合作的專案更易取得成功，尤其可獲得意外助力。財運也較為理想，然而流年不利，要小心官非小人。

戊子：農曆十一月（西曆12月7日至26年1月4日）

整體運勢良好，事業呈上升趨勢，對於從政人員來講，十分有利於職務的晉升；經商者了投資、創業發展，與人合作的專案更易取得成功，尤其可獲得意外助力，財運也較為理想，然而流年不利，要小心官非小人。

己丑：農曆十二月（西曆26年1月5日至2月3日）

注意防範身邊的小人，少說話多做事，投資謹慎，儘量避免官司、口舌之事的發生。

感情上桃花大旺，未婚男女均會有理想的對象出現，宜好好把握，已婚男女則易婚外生情。

肖【龍】者出生年份			
一九四○年	庚辰年	一九五二年	壬辰年
一九六四年	甲辰年	一九七六年	丙辰年
一九八八年	戊辰年	二○○○年	庚辰年
二○一二年	壬辰年	二○二四年	甲辰年

屬【龍】二〇二五年大運

進入二〇二五年，屬龍的整體運程經過去年值太歲的影響，今年相對平穩。剛過去的甲辰年乃肖龍者的「本命年」，不論是事業、財運、感情、住屋以及健康等各方面，均經歷了不少變化的一年，令到屬龍者身心俱疲，來到新一年終於擺脫「犯太歲」的影響。整體運程會逐漸穩定，心情亦會較去年樂觀積極。

若曾在去年有結婚、添丁、置業、創業等喜事沖喜，在新一年有望延續喜慶運，相反在上年未有沖喜者，則要小心去年「本命年」的影響力會延續至春季，會有小人及是非等問題。

幸好今年為屬龍者的進財年，不論是正財運還是偏財運也較去年有所進步，且得到正桃花星「天喜」的照耀，意味著人際關係和財運較去年有所進步，「天喜」正桃花星拱照代表喜事重重，具有結婚、添丁之意，單身者有望遇上心儀對象。已婚者可把握機會為家庭添丁添喜。

雖然擺脫犯太歲的影響，但受到「病符」凶星入主會影響健康運及家宅運，「病符」主容易有小病小恙，會有傷風、感冒、咳嗽等小恙。平日要好好注意休息，建議定期做運動及作息定時。

總括而言新一年屬龍者的整體運程較去年有明顯進步。

不同年份肖【龍】運程

一九四〇年：庚辰年

家宅運平平，健康尚可。多留意心臟、血管問題。

一九五二年：壬辰年

今年財源廣進之年，大利偏財。可多作投資、投機或賭博。是年所獲得的財富較多，但是生活當中需要花錢的地方也非常多。

一九六四年：甲辰年

本年人事上容易與人吵架，注意情緒波動影響身體。小賭可怡情，不宜過多投資。

一九七六年：丙辰年

今年人際關係轉好，貴人不乏。工作順心如意大吉，容易得到上司賞識。心情情緒愉快。

好事到臨，喜悅不妨與伴侶分享以增進感情。

一九八八年：戊辰年

財運亨通的一年，發展如日中天、如意順心。大利偏財，家宅平安、機遇多貴人多，營商者不妨發展海外市場，或會有意想不到的收穫成功在望。

二〇〇〇年：庚辰年

今年工作順利、桃花年單身者不妨大膽出擊。

二〇一二年：壬辰年

今年學業一般，功課壓力大，要適當的放鬆減壓。注意要尊重師長，小心口舌犯錯受罰。

二〇二四年：甲辰年

受病星影響健康欠佳，容易出現小毛病。有此情況請及早求醫，切勿延醫。

肖【龍】整體運勢

屬龍二〇二五年【事業】運勢

屬龍本年度的事業受著歲駕及華蓋吉星幫助下發展將不錯，各行各業的人基本上都處於步步高升的狀態，尤其屬龍的男性在職場當中會發揮自身的優勢，得到領導的提拔與賞識，工作當中順風順水，不會出現太大的問題。屬龍者今年事業發展順利，較去年有所進步。得益於良好的人脈關係。今年若有任何轉換工作崗位、發展新業務或轉工等想法，可付諸實行並找到稱心如意的工作。

自僱及營商者受惠於貴人，新一年會遇到不少新的合作機遇，建議進軍海外市場，有望開展新的業務範疇從而令事業版圖擴大。打工一族與同事相處愉快，並能得到上司或老闆的賞識機會有望升職加薪。

受到凶星「陌越」的影響，代表要面對陌生環境，幸好無需過分擔憂只要向身邊的同事請教，便能順利解決。

屬龍二〇二五年【財富】運勢

屬龍在本年度的財運表現十分出色。財運亨通之年，整體財運會有顯著進步，不論是正財、偏財或橫財均有所提升。偏財運暢旺的一年，可從生意中獲利，若遇到合適的投資機會，可大膽一試積極爭取，有望得到意外之財。

本年有「天喜」吉星拱照代表正桃花星，意味著自僱及營商者可藉着人際關係變好而吸引更多新客戶，從而令營利節節上升增加整體收入。

打工一族工作表現出色有望升職加薪，得到適當的薪酬調整。

但在「病符」凶星的影響下，今年健康運一般，注意減壓小心因工作而令健康下滑。

屬龍二〇二五年【感情】運勢

屬龍在二〇二五年的感情運勢不錯，正所謂「男愛紅鸞，女愛天喜」，「天喜」正桃花星照耀下，對於屬龍的女性特別有利。

單身的女士今年有望認識心儀的對象，如果遇上不妨主動出擊追求對方會有意想不到的收穫。

單身的男士藉着正桃花年的幫助下亦可望結識對象，發展一段長遠的關係。

有添丁打算的夫妻，可調理身體準備為懷孕做好準備，有望今年成為新手父母。

受到「寡宿」星的影響下，今年與伴侶感情欠佳吵架常見，經常會認為伴侶不去了解自己。即使伴侶時刻陪伴在旁，仍會感覺對方不夠關心及支持自己。建議主動與伴侶分享內心感受，宜出外旅遊來增進雙方感情。

屬龍二〇二五年【健康】運勢

屬龍在二〇二五年的健康運勢表現不是很好，受到凶星暗潮湧動會導致毛病頻生。

新一年健康運非常一般，蛇年有兩顆影響健康不利的凶星入命，包括「病符」及「陌越」。

「病符」入主容易有小毛病，容易患上與呼吸道有關的疾病。此外「陌越」凶星代表陌生環境所帶來的壓力，今年因工作的關係容易產生焦慮，出現精神緊張、頭痛、失眠、胃痛等小毛病，一切都是因為太過緊張所致。

屬【龍】二〇二五年每月運勢

戊寅：農曆正月（西曆2月3日至3月4日）

堅守舊業，不輕易變更，如能好好用心謀劃，積極進取，定能獲得財富事業雙豐收。切記要好好把握時機！

財運非常旺，橫財也不錯，可適當進行投資獲利！

女性感情方面也會有新的突破，應多花些心力培養感情。

在年初最好調理一下家庭的風水環境或者添置借力助財運之吉祥物品。

己卯：農曆二月（西曆3月5日至4月3日）

正財運較佳，橫財相對低迷，風險類投資實在不宜進行，即使進行也應擇吉日。

工作壓力已不如前月大，但可能遇到些小阻礙，使努力化為泡影。

另外要注意健康問題，多休養多參加有益身心的娛樂活動，使欠佳的心情好轉起來。

庚辰：農曆三月（西曆4月4日至5月4日）

有許多無法預料的變化，萬事不可急進，最好多審視並反省自己，制定出適合自己的未來規劃，相信對工作及事業會大有幫助。

財運也有所回轉，可進行小規模的投資。

女性異性緣佳，未婚者桃花大旺，已婚男性須謹防惹上孽緣，而導致血光之災。

辛巳：農曆四月（西曆5月5日至6月4日）

情緒上稍有些不穩定，應保持克制冷靜，以免因此招致重大損失。得貴人相助，只是財運有所回落，只宜進行小規模的投資。女性感情方面也會有新的突破，應多花些心力培養感情。

壬午：農曆五月（西曆6月5日至7月6日）

事業逐漸煥發出勃勃生機，宜多用些心機精神來奮發經營，當有不俗進展，但應謹慎決策，不可浮躁急進。

癸未：農曆六月（西曆7月7日至8月6日）

工作上也如魚得水，可得上司青睞，不過須注意避免招致同事妒嫉。對於不必要的交際活動，少參加為妙。

財運低迷，仍不宜進行投資，適可而止為好。

運勢比上月有所改善，但仍難盡如人意，做事多有阻礙，必須要小心謹慎應對，用心經營，才有可能平安度過。

甲申：農曆七月（西曆8月7日至9月6日）

吉星拱照，運勢良好，若肯多花些心力去經營謀劃，可獲得突破性進展，人氣急升，事業運強盛，在工作上也有上佳表現，但仍要密切注意周遭之事，以免被小人搶奪功勞，而致徒勞一場。

乙酉：農曆八月（西曆9月7日至10月7日）

注意身體健康方面的問題，尤其是腸胃方面的疾病。財運方面也難如人意，恐有破財之虞，不宜進行投資。

工作事業方面會有不少阻礙，生活上也有一些麻煩的事發生，可以說任何事都不太順利，一切皆應小心謹慎。

多注意身體健康，儘量少吃傷胃的飲食。

丙戌：農曆九月（西曆10月8日至11月6日）

凡事不可大意，特別是要帶眼識人，提防小人，以防錢財被騙。偏財運方面小有進益，可進行投資，適可而止為好。

運勢有劫星暗伏，做事會出現阻滯，必須要非常小心謹慎應對，用心經營，平安過渡即好。

丁亥：農曆十月（西曆11月7日至12月6日）

要注意避免招惹是非，莫管閒事，也要警惕小人，不要誤交損友，以防被騙取錢財！宜精心發展，會有不錯局面，宜知機把握，趁機乘勢進取，以免錯失大好發展時機。

財運頗佳，但財富難聚，不宜進行風險類投資。

戊子：農曆十一月（西曆12月7日至26年1月4日）

做任何事情都會有比較順利，但是事業以及工作生活等還是以靜制動為好。這段時間裡務必緊記，若遇到不相關的是非爭執，最好是遠遠逃離。

財運方面亨通，正財橫財均佳，利投資。

男性桃花旺，感情生活可能會出現麻煩，順其自然為好，強求不來的。

己丑：農曆十二月（西曆26年1月5日至2月3日）

財運挺不錯，正財興旺，橫財低迷，不宜進行風險類投資。但是言談要小心謹慎，以免得罪人而不自知，避免招惹是非口舌。

第六章

乙巳蛇年風水佈局

乙巳蛇年九宮飛星圖

一白 桃花位 東南	六白 偏財位 正南	八白 正財位 西南
九紫 喜慶位 正東	二黑 病符位 中宮	四綠 文昌位 正西
五黃 凶災位 東北	七赤 破財位 正北	三碧 是非位 西北

九星屬性：

一白水：貪狼星：桃花位：主感情、人緣

二黑土：巨門星：病符位：主疾病、傷痛

三碧木：蚩尤星：是非位：主官非、小人

四綠木：文曲星：文昌位：主學業、事業、官位

五黃土：廉貞星：五黃煞：主凶災、禍患

六白金：武曲星：偏財位：主橫財

七赤金：破軍星：破財位：主破財、漏財

八白土：左輔星：正財位：主財運、置業

九紫火：右弼星：喜慶位：主姻緣、戀愛、添丁

乙巳蛇年九大吉凶方位

如何催旺姻緣桃花、人緣、正偏財運、喜慶吉事？

又如何化病化災、小人是非、傷丁損財？

若能知道九宮飛星飛臨的方向，則能利用其改善運勢。每一年的九宮飛星圖都在變化，隨著時間的遷移，每顆飛星飛臨的方位也會有所改變，若能布置得當，則有利於改善家居風水效果，若是不注意化解，也可能會影響自己和家人的健康。為使二〇二五年整年順便渡過，接下來我們分析看看二〇二五年風水方位九宮圖吉凶方位及化解方法。

正東方：九紫右弼星
喜慶位：主姻緣、戀愛、添丁

九紫右弼星飛星東方，東方是二〇二五的風水喜神慶位及桃花位。

九紫星是當運的飛星，也是一顆吉星，代表著各種喜事，姻緣、感情。如正南方位佈置得好，本年家中喜事臨門，結婚、人緣、訂親、添丁、喜慶、表彰這類的喜事增多。

正南方要保持整潔、乾淨，光線充足，有利於喜事臨門。尤其利於家中的女主人。

催運方法：在此方位擺放一棵紅花或九隻鮮色蝴蝶，有利於催旺九紫星。長設一盞紅燈更會喜慶盈門，旺事業家宅。另外增加此方位的照明度、擺放紅色的地毯，皆有催旺風水的效果。

蝴蝶

紅燈

紅色花

中宮：二黑巨門星
病符位：主疾病、傷痛

二黑巨門星飛到中宮，是二〇二五年的風水病位。二黑星又稱病符星，飛臨之地會帶來疾病和傷痛。凡是座位、臥床以及爐灶在病符位的住宅，戶主容易生病。

要密切關注自己以及家人的身體健康方面的變化，盡早做個全面的體檢，緊記今年東南方位不要堆放雜物垃圾，保持整潔。

化解方法：病星屬土，五行土生金我們可以用金屬製品幫忙，放置一個銅葫蘆在中宮化解病氣。

銅葫蘆

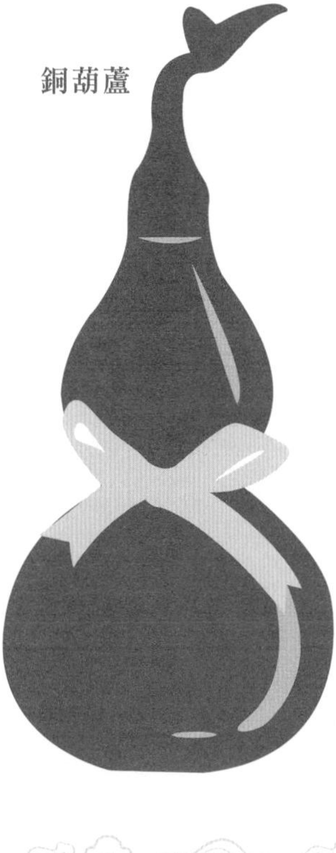

正北方：七赤破軍星
破財位：主破財、漏財

七赤破軍星飛臨正北方，正北方是二〇二五年的風水破財位。

七赤星也是當運的退氣星，主破財、漏財。因此正北方都不是蛇年的有利方位。

七赤星代表著破敗、損失、口舌等事件。而該處不宜堆放各種雜物，也不宜擺放刀劍等凶性物件，避免引發血光之災，或是容易引發傷殘，家人健康出現問題。

化解方法：化解七赤破軍星，可在此方位擺放一杯水來化解災厄煞氣，來生旺家宅運勢。

一杯水

正南方：六白武曲星
偏財位：主橫財

六白武曲星飛臨正南方，正南方是二〇二五年的風水偏財位。

由於六白星是當運的退氣星，但相比下元九運來說，仍然餘氣未盡。而且六白武曲星主偏財和官運。因此本年東北方也為催偏財的吉位。

凡正南方有雜物，不收斂很混亂的都會在本年令主人運氣容易有下滑的趨勢。今年不要在正南方擺放紅色製品及在東北方擺放鏡子等。

催運方法：由於武曲星屬金，如要催旺正南方位的風水，可在此方位擺放八粒石春，使得五行土生金旺財氣亨通順遂，大利偏財。

八粒石春

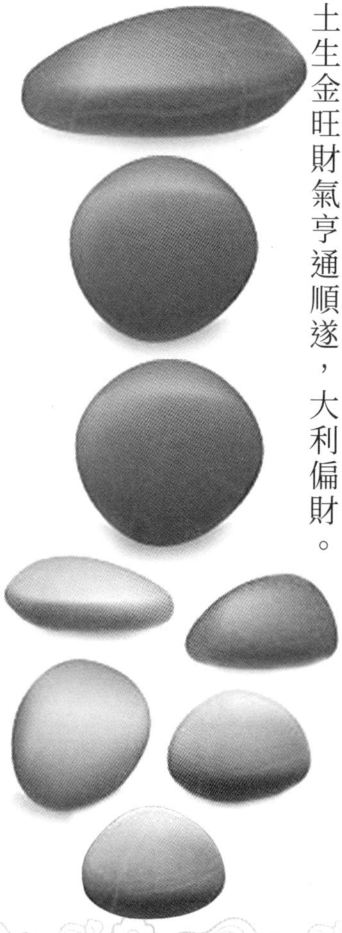

東南方：一白貪狼星
桃花位：主感情、人緣

一白貪狼星飛星東南方，東南方是二〇二五年的風水桃花位。

一白星是當運的飛星，所到的方位是吉利的方位。貪狼星代表人的人緣、感情，因此有桃花旺的趨向。

一白星對於未婚的男女來說是最吉利的，有利於發展新戀情，增進戀愛的熱情。要想找到心儀的另一半可以在家宅桃花位上，擺放一張自己喜歡的那種類型的異性照片，再擺放旺桃花風水吉祥物桃花運會很快旺起來。

已婚的家庭需要注意化解這種風水氣場，避免出現婚外戀。尤其不利家中的長女、年輕主婦。

有孕婦的家庭要注意保胎，未婚男女要避免未婚先孕事情發生。

對於從事銷售的行業，要好好催旺此方位，有助於生意業績和人際的融洽順利。

若桃花位是廚房或廁所，會導致桃花位受污不好。

廁所五行水旺、廚房五行火旺，如果正好位於家中的桃花位上的話必然會導致桃花受損。

夫妻臥室也忌位於流年桃花位，容易出現口舌之爭，甚至導致夫妻關係的破裂。

催運方法：東南方位今年不宜堆放雜物垃圾，保持整潔。貪狼星五行是屬水，我們可以放置一杯水改善人緣及生旺桃花。

一杯水

西南方：八白左輔星
正財位：旺財運、置業

八白左輔星飛臨西南方位，西南方是二〇二五年的風水正財位。由於剛轉下元九運，八白星仍尚存力量，是本年流年的財位，旺正財運。八白財星大利於升職、提升財運等，八白星五行屬土，在九運風水中仍是比較當旺財星，除主財運外亦主吉慶。

催運方法：旺位宜開門、開窗，座位、臥床、爐灶使其旺氣流通。若大門、臥室、辦公室在此方位，可在門口放紅色或紫色地毯輔助催旺。

二〇二五年還可以在此方位擺放聚寶錢箱，使其生旺財運，避免破財，同時還能起到招財守財等功效。

聚寶錢箱

東北方：五黃廉貞星
五黃煞：主凶災、禍患

五黃廉貞星飛臨東北方，東北方是二〇二五年的風水五黃位。

五黃星又稱「五黃煞」，是最凶的凶星，代表著意外、災禍、疾病、傷害、死亡等凶事，所以正西方是今年最凶的方位。凡在該方有雜物混亂者，會令戶主運氣下滑，尤其是從事房地產行業的人士會更明顯。

如果是座位、臥床在此方的，應該考慮在條件允許的情況下，調換方位為佳。不要在此方向擺放鏡子、紅色物品。

凡是座位、臥床、爐灶位於五黃位的住宅，本年易招惹意外的凶禍，需要格外當心。另外五黃方位不宜動土。

化解方法：若大門、臥室、廚房等正好落在東北方，可於該處放置一張灰色或白色地毯輔助化解。此外，大家不妨在東北方擺放安忍水或金屬製品，以化解五黃之凶煞，逢凶化吉轉危為安。

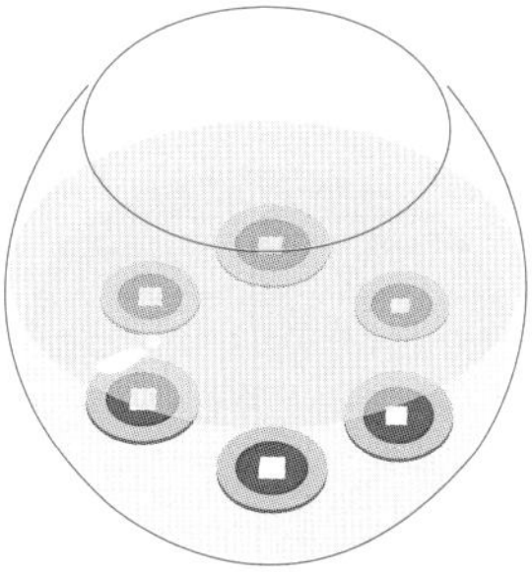

安忍水

西北方：三碧蚩尤星
是非位：主是非、官災、官非、小人

三碧是非星今年飛臨西北方，西北方是本年的風水是非小人位。

三碧星是非之星，主競爭、是非、矛盾、爭鬥、吵架。如果今年房子客廳的家中中宮位置擺放沙發或是餐桌，這樣的佈局今年會激發家庭成員產生口舌之爭。不過對於某些行業的人士反而有利，比如法官、律師、辯論家等職業。

化解方法：今年家中西北方不可動土、裝修等，忌綠色、藍色或綠色植物。若大門、臥室、辦公室在此方位，可於門口放紅色或紫色地毯輔助化解。此外有官非小人之象，處事應遵紀守法謹慎行事。不妨在此方位擺放一隻紅色木馬擺件以避免口舌是非和官非。

紅色木馬

正西方：四綠文曲星
文昌位：旺學業、事業、官位

四綠文曲星飛臨正西方，正西方是二〇二五年的風水文昌位。

四綠星五行屬木，今年可以特別提升讀書學業運、官位、文職事業運，對於有學生的家庭是非常有利的。

正西方為今年的文昌位，可以將在學孩子的書桌或是臥床擺放在正西方，能夠提升學習效率。尤其對家中男孩子。

催運方法：在西方擺放四枝富貴竹，可以形成文昌的風水巒頭。還可以在書桌上擺放文昌塔或四枝毛筆擺件，這都對文昌風水的增旺效果更佳。今年家中西方不宜動土，亦不宜擺放紅色或黃色物品。

四枝毛筆

文昌塔

乙巳蛇年行運風水佈局

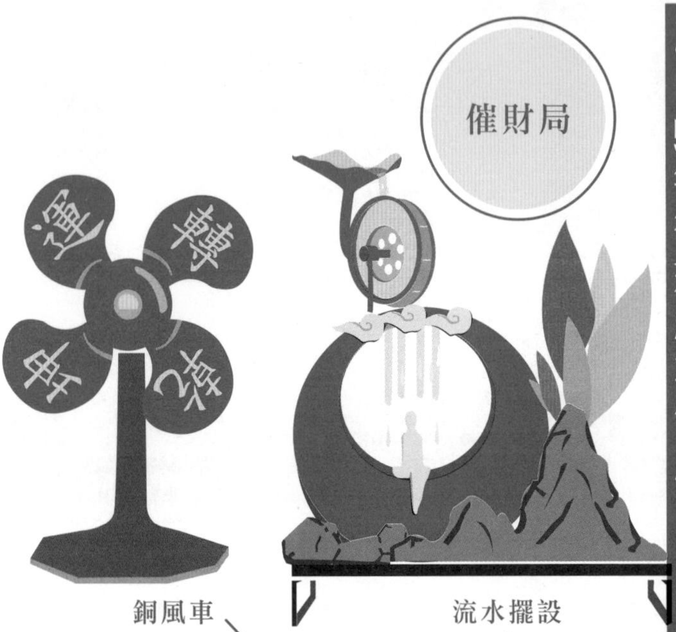

東南 一白	★正南 六白	★西南 八白
正東 九紫	中宮 二黑	正西 四綠
東北 五黃	正北 七赤	西北 三碧

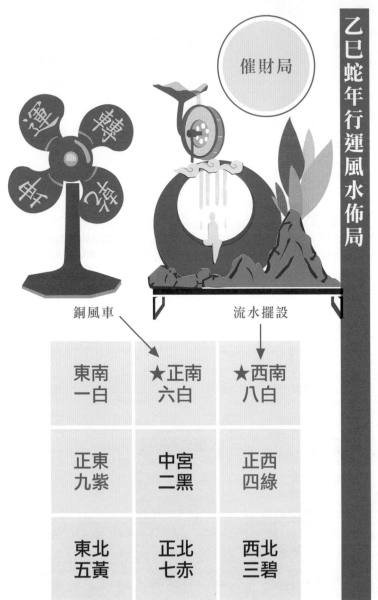

催文昌局

一杯水

★東南 一白	正南 六白	西南 八白
正東 九紫	中宮 二黑	★正西 四綠
東北 五黃	正北 七赤	西北 三碧

文昌塔

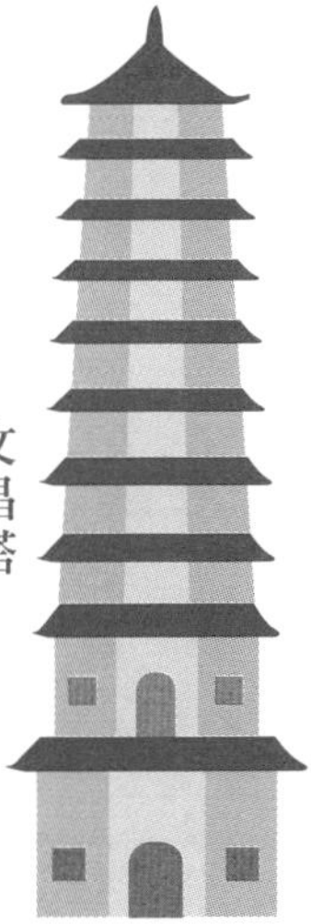

催喜慶局

一杯水

九封紅利是

★東南 一白	正南 六白	西南 八白
★正東 九紫	中宮 二黑	正西 四綠
東北 五黃	正北 七赤	西北 三碧

化病局

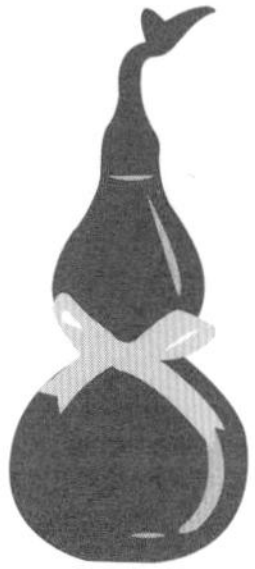

銅葫蘆

東南 一白	正南 六白	西南 八白
正東 九紫	**★中宮 二黑**	正西 四綠
★東北 五黃	正北 七赤	西北 三碧

安忍水做法：把半瓶粗鹽放入闊口玻璃瓶內，在粗鹽上面放六個銅錢，再加上水至到剛蓋過銅錢二厘米，打開蓋讓空氣接觸銅錢並在水中氧化即便完成。

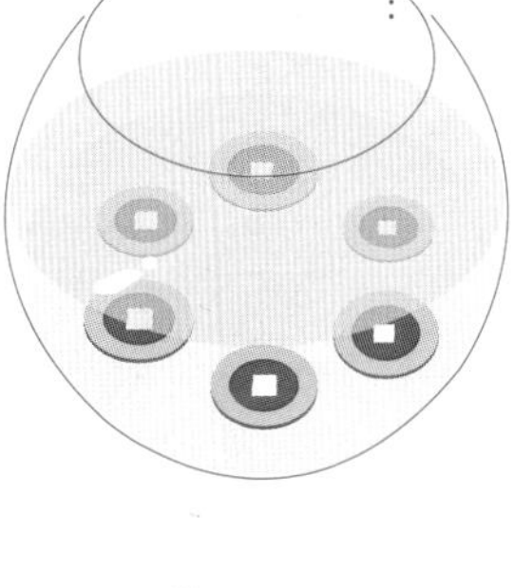

安忍水

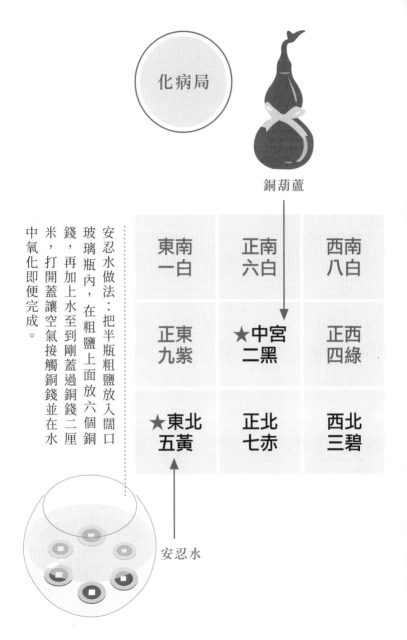

化小人局

一杯水

九隻蝴蝶

★東南 一白	正南 六白	西南 八白
★正東 九紫	中宮 二黑	正西 四綠
東北 五黃	正北 七赤	★西北 三碧

紅色木馬

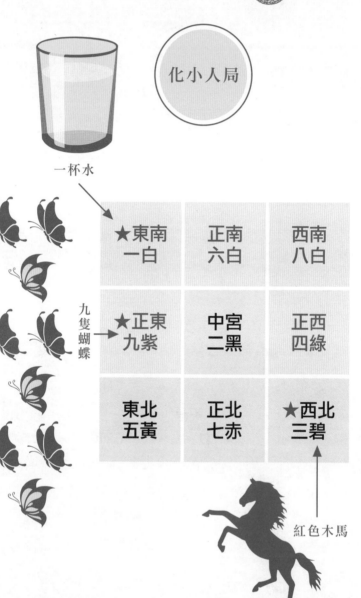

第七章

乙巳蛇年擇吉日

時辰對照表

子時 23:00~01:00
丑時 01:00~03:00
寅時 03:00~05:00
卯時 05:00~07:00
辰時 07:00~09:00
巳時 09:00~11:00
午時 11:00~13:00
未時 13:00~15:00
申時 15:00~17:00
酉時 17:00~19:00
戌時 19:00~21:00
亥時 21:00~23:00

二〇二五年乙巳蛇年開市吉日

西曆	農曆	星期	時
25年02月03日	農曆正月初六	一	午時
25年02月06日	農曆正月初九	四	卯時、午時
25年02月09日	農曆正月十二	日	巳時、午時
25年02月15日	農曆正月十八	六	卯時、辰時、巳時

二〇二五年乙巳蛇年嫁娶每月吉日

結婚吉日在中國由來已久，這民間習俗從古至今經過千百年習慣形成，其影響早已在國人的心中根深蒂固，其方法也日趨成熟和科學。但選擇結婚吉日畢竟是一件非常嚴謹、慎重的大事。

需要考慮以下工三點：

（一）結婚年和日不能沖剋雙方的夫妻宮；

（二）結婚日期不能沖剋雙方的生辰八字用神；

（三）婚禮重要儀式選用吉時開始；

在滿足以上條件的情況下，盡量將結婚日期選擇在一個有天德貴人或月德貴人的日子；對於男女雙方八字有沖剋的情況，盡量選擇一個可以合住或沖去凶煞的日子。此亦稱催吉化解婚煞。

25年01月嫁娶吉日

西曆	星期	歲次八字	沖	歲煞	子	丑	寅	卯	辰	巳	午	未	申	酉	戌	亥
01月03日	五	甲辰年 丙子月 壬申日	虎	南	吉	吉	凶	吉	吉	吉	凶	吉	凶	吉	凶	平
01月05日	日	甲辰年 丁丑月 甲戌日	龍	北	平	吉	吉	吉	凶	吉	凶	凶	平	平	凶	平
01月10日	五	甲辰年 丁丑月 己卯日	雞	西	吉	凶	吉	吉	平	平	吉	凶	平	凶	凶	凶
01月12日	日	甲辰年 丁丑月 辛巳日	豬	東	平	吉	吉	平	平	吉	吉	凶	平	凶	凶	凶
01月13日	一	甲辰年 丁丑月 壬午日	鼠	北	凶	吉	吉	吉	平	吉	平	凶	凶	平	凶	吉
01月15日	三	甲辰年 丁丑月 甲申日	虎	南	吉	吉	凶	平	吉	吉	凶	凶	吉	吉	凶	平
01月22日	三	甲辰年 丁丑月 辛卯日	雞	西	平	平	吉	吉	平	吉	吉	凶	平	凶	凶	平
01月24日	五	甲辰年 丁丑月 癸巳日	豬	東	吉	平	平	吉	吉	吉	平	凶	吉	平	凶	凶
01月25日	六	甲辰年 丁丑月 甲午日	鼠	北	凶	吉	吉	平	平	平	凶	凶	平	吉	凶	平
01月27日	一	甲辰年 丁丑月 丙申日	虎	南	吉	吉	凶	平	凶	吉	平	凶	吉	吉	凶	吉

25年02月嫁娶吉日

西曆	星期	歲次八字	沖	歲煞	子	丑	寅	卯	辰	巳	午	未	申	酉	戌	亥
02月04日	二	乙巳年 戊寅月 甲辰日	狗	南	吉	吉	平	平	吉	平	凶	吉	凶	吉	凶	凶
02月07日	五	乙巳年 戊寅月 丁未日	牛	西	平	凶	平	凶	平	吉	吉	吉	凶	吉	平	凶
02月12日	三	乙巳年 戊寅月 壬子日	馬	南	吉	吉	吉	吉	吉	吉	凶	吉	凶	平	平	凶
02月15日	六	乙巳年 戊寅月 乙卯日	雞	西	平	平	吉	吉	平	凶	平	吉	凶	凶	吉	凶
02月16日	日	乙巳年 戊寅月 丙辰日	狗	南	平	平	平	平	凶	吉	平	平	凶	吉	凶	凶
02月19日	三	乙巳年 戊寅月 己未日	牛	西	平	凶	吉	吉	平	吉	吉	吉	凶	平	平	凶
02月24日	一	乙巳年 戊寅月 甲子日	馬	南	吉	吉	吉	平	吉	平	凶	吉	凶	平	平	凶
02月27日	四	乙巳年 戊寅月 丁卯日	雞	西	平	平	吉	凶	平	吉	吉	吉	凶	凶	平	凶

25年03月嫁娶吉日

西曆	星期	歲次八字	沖	歲煞	子	丑	寅	卯	辰	巳	午	未	申	酉	戌	亥
03月02日	日	乙巳年 己卯月 庚午日	鼠	北	凶	吉	吉	平	平	平	吉	吉	凶	吉	凶	凶
03月03日	一	乙巳年 己卯月 辛未日	牛	西	平	凶	吉	吉	平	吉	吉	平	凶	凶	平	凶
03月06日	四	乙巳年 己卯月 甲戌日	龍	北	平	吉	吉	吉	凶	吉	凶	吉	平	凶	平	凶
03月08日	六	乙巳年 己卯月 丙子日	馬	南	吉	吉	平	平	凶	吉	凶	平	平	凶	吉	凶
03月11日	二	乙巳年 己卯月 己卯日	雞	西	吉	凶	吉	吉	平	平	吉	吉	平	凶	平	凶
03月14日	五	乙巳年 己卯月 壬午日	鼠	北	凶	吉	吉	吉	平	吉	平	吉	凶	凶	平	凶
03月16日	日	乙巳年 己卯月 甲申日	虎	南	吉	吉	凶	平	吉	吉	凶	吉	吉	凶	平	凶
03月18日	二	乙巳年 己卯月 丙戌日	龍	北	吉	平	吉	吉	凶	吉	平	平	吉	凶	吉	凶
03月20日	四	乙巳年 己卯月 戊子日	馬	南	平	吉	凶	吉	吉	凶	平	吉	凶	凶	平	凶
03月21日	五	乙巳年 己卯月 己丑日	羊	東	吉	凶	吉	吉	平	吉	平	凶	吉	凶	平	凶
03月23日	日	乙巳年 己卯月 辛卯日	雞	西	平	平	吉	吉	平	吉	吉	平	平	凶	吉	凶
03月26日	三	乙巳年 己卯月 甲午日	鼠	北	凶	吉	吉	平	平	平	凶	吉	平	凶	平	凶

03月27日	四	乙巳年 己卯月 乙未日	牛	西	吉凶吉吉平凶平平吉凶吉凶
03月28日	五	乙巳年 己卯月 丙申日	虎	南	吉吉凶平凶吉平吉吉凶吉凶

25年04月嫁娶吉日

西曆	星期	歲次八字	沖	歲煞	子丑寅卯辰巳午未申酉戌亥
04月02日	三	乙巳年 庚辰月 辛丑日	羊	東	平吉吉吉平吉吉凶吉凶平凶
04月04日	五	乙巳年 庚辰月 癸卯日	雞	西	吉平吉吉平平平凶平凶凶凶
04月07日	一	乙巳年 庚辰月 丙午日	鼠	北	凶平平平凶吉吉平吉吉凶凶
04月15日	二	乙巳年 庚辰月 甲寅日	猴	北	平平吉平吉平凶吉凶吉凶凶
04月19日	六	乙巳年 庚辰月 戊午日	鼠	北	凶平凶吉平吉平吉吉吉凶凶
04月27日	日	乙巳年 庚辰月 丙寅日	猴	北	吉平平吉凶平吉平凶吉凶凶
04月30日	三	乙巳年 辛巳月 己巳日	豬	東	吉凶吉平平平吉吉吉平凶凶

25年05月嫁娶吉日

西曆	星期	歲次八字	沖	歲煞	子	丑	寅	卯	辰	巳	午	未	申	酉	戌	亥
05月01日	四	乙巳年 辛巳月 庚午日	鼠	北	凶	吉	吉	平	平	平	吉	吉	吉	吉	凶	凶
05月07日	三	乙巳年 辛巳月 丙子日	馬	南	吉	吉	平	平	凶	吉	凶	平	平	吉	吉	凶
05月10日	六	乙巳年 辛巳月 己卯日	雞	西	吉	凶	吉	吉	平	平	吉	吉	平	凶	平	凶
05月11日	日	乙巳年 辛巳月 庚辰日	狗	南	凶	吉	吉	平	吉	吉	吉	吉	平	平	凶	凶
05月16日	五	乙巳年 辛巳月 乙酉日	兔	東	吉	吉	吉	凶	吉	凶	平	平	吉	吉	平	凶
05月17日	六	乙巳年 辛巳月 丙戌日	龍	北	吉	平	吉	吉	凶	吉	平	平	吉	吉	吉	凶
05月19日	一	乙巳年 辛巳月 戊子日	馬	南	平	吉	凶	吉	吉	吉	凶	平	吉	吉	平	凶
05月23日	五	乙巳年 辛巳月 壬辰日	狗	南	平	吉	吉	吉	平	吉	平	平	凶	吉	凶	凶
05月25日	日	乙巳年 辛巳月 甲午日	鼠	北	凶	吉	吉	平	平	平	凶	吉	平	吉	平	凶
05月27日	二	乙巳年 壬午月 丙申日	虎	南	吉	吉	凶	平	凶	吉	平	吉	吉	吉	吉	凶
05月29日	四	乙巳年 壬午月 戊戌日	龍	北	平	吉	凶	吉	凶	平	吉	吉	吉	平	平	凶
05月31日	六	乙巳年 壬午月 庚子日	馬	南	凶	吉	平	平	平	平	凶	吉	吉	吉	凶	凶

25年06月嫁娶吉日

西曆	星期	歲次八字	沖	歲煞	子	丑	寅	卯	辰	巳	午	未	申	酉	戌	亥
06月03日	二	乙巳年 壬午月 癸卯日	雞	西	吉	平	吉	吉	平	平	平	凶	平	凶	吉	凶
06月04日	三	乙巳年 壬午月 甲辰日	狗	南	吉	吉	平	平	吉	平	凶	吉	平	吉	凶	凶
06月05日	四	乙巳年 壬午月 乙巳日	豬	東	吉	凶	平	平	平	凶	平	平	吉	吉	吉	凶
06月07日	六	乙巳年 壬午月 丁未日	牛	西	凶	凶	平	凶	平	吉	吉	吉	平	吉	平	凶
06月10日	二	乙巳年 壬午月 庚戌日	龍	北	凶	吉	平	平	凶	平	吉	吉	吉	平	凶	凶
06月19日	四	乙巳年 壬午月 己未日	牛	西	凶	凶	吉	吉	平	吉	吉	吉	吉	平	平	凶
06月20日	五	乙巳年 壬午月 庚申日	虎	南	凶	吉	凶	平	吉	吉	吉	吉	吉	平	凶	凶
06月21日	六	乙巳年 壬午月 辛酉日	兔	東	凶	平	吉	凶	吉	吉	吉	平	平	凶	平	凶
06月22日	日	乙巳年 壬午月 壬戌日	龍	北	凶	平	吉	吉	凶	吉	平	吉	凶	平	吉	凶
06月28日	六	乙巳年 癸未月 戊辰日	狗	南	凶	吉	凶	吉	平	吉	平	吉	吉	吉	凶	凶
06月29日	日	乙巳年 癸未月 己巳日	豬	東	凶	凶	吉	平	平	平	吉	吉	吉	平	平	凶

25年07月嫁娶吉日

西曆	星期	歲次八字	沖	歲煞	子	丑	寅	卯	辰	巳	午	未	申	酉	戌	亥
07月01日	二	乙巳年 癸未月 辛未日	牛	西	凶	凶	吉	吉	平	吉	吉	平	吉	凶	平	凶
07月04日	五	乙巳年 癸未月 甲戌日	龍	北	凶	吉	吉	吉	凶	吉	凶	吉	平	平	平	凶
07月08日	二	乙巳年 癸未月 戊寅日	猴	北	平	凶	凶	吉	吉	吉	吉	吉	凶	平	平	凶
07月09日	三	乙巳年 癸未月 己卯日	雞	西	吉	凶	吉	吉	平	平	吉	吉	平	凶	平	凶
07月14日	一	乙巳年 癸未月 甲申日	虎	南	吉	凶	凶	平	吉	吉	凶	吉	吉	吉	平	凶
07月15日	二	乙巳年 癸未月 乙酉日	兔	東	吉	凶	吉	凶	吉	凶	平	平	吉	吉	平	凶
07月20日	日	乙巳年 癸未月 庚寅日	猴	北	凶	凶	吉	吉	吉	平	平	平	凶	平	凶	凶
07月21日	一	乙巳年 癸未月 辛卯日	雞	西	平	凶	吉	吉	平	吉	吉	平	平	凶	吉	凶
07月23日	三	乙巳年 癸未月 癸巳日	豬	東	吉	凶	平	吉	吉	吉	平	凶	吉	平	吉	凶
07月25日	五	乙巳年 癸未月 乙未日	牛	西	吉	凶	吉	吉	平	凶	平	平	吉	平	吉	凶
07月27日	日	乙巳年 癸未月 丁酉日	兔	東	平	凶	平	凶	平	平	吉	吉	平	吉	平	凶
07月28日	一	乙巳年 癸未月 戊戌日	龍	北	平	凶	凶	吉	凶	平	吉	吉	吉	平	平	凶

25年08月嫁娶吉日

西曆	星期	歲次八字	沖	歲煞	子	丑	寅	卯	辰	巳	午	未	申	酉	戌	亥
08月01日	五	乙巳年 癸未月 壬寅日	猴	北	平	凶	吉	吉	平	平	平	吉	凶	平	吉	凶
08月02日	六	乙巳年 癸未月 癸卯日	雞	西	吉	凶	吉	吉	平	平	平	凶	平	凶	吉	凶
08月03日	日	乙巳年 癸未月 甲辰日	狗	南	吉	凶	平	平	吉	平	凶	吉	平	吉	凶	凶
08月04日	一	乙巳年 癸未月 乙巳日	豬	東	吉	凶	平	平	平	凶	平	平	吉	吉	吉	凶
08月15日	五	乙巳年 癸未月 丙辰日	狗	南	平	平	凶	平	凶	吉	平	平	平	吉	凶	凶
08月17日	日	乙巳年 癸未月 戊午日	鼠	北	凶	平	凶	吉	平	吉	平	吉	吉	吉	平	凶
08月23日	六	乙巳年 甲申月 甲子日	馬	南	吉	吉	平	凶	吉	平	凶	吉	吉	平	平	凶
08月26日	二	乙巳年 甲申月 丁卯日	雞	西	平	平	凶	凶	平	吉	吉	吉	平	凶	平	凶
08月28日	四	乙巳年 甲申月 己巳日	豬	東	吉	凶	凶	平	平	平	吉	吉	吉	平	平	吉
08月29日	五	乙巳年 甲申月 庚午日	鼠	北	凶	吉	凶	平	平	平	吉	吉	吉	吉	凶	凶
08月31日	日	乙巳年 甲申月 壬申日	虎	南	吉	吉	凶	吉	吉	吉	平	吉	凶	吉	平	凶

25年09月嫁娶吉日

西曆	星期	歲次八字	沖	歲煞	子	丑	寅	卯	辰	巳	午	未	申	酉	戌	亥
09月02日	二	乙巳年 甲申月 甲戌日	龍	北	平	吉	凶	吉	凶	吉	凶	吉	平	平	平	凶
09月04日	四	乙巳年 甲申月 丙子日	馬	南	吉	吉	凶	平	凶	吉	凶	平	平	吉	吉	凶
09月08日	一	乙巳年 甲申月 庚辰日	狗	南	凶	吉	吉	凶	吉	吉	吉	吉	平	平	凶	凶
09月10日	三	乙巳年 甲申月 壬午日	鼠	北	凶	吉	吉	凶	平	吉	平	吉	凶	平	平	凶
09月12日	五	乙巳年 甲申月 甲申日	虎	南	吉	吉	凶	凶	吉	吉	凶	吉	吉	吉	平	凶
09月14日	日	乙巳年 甲申月 丙戌日	龍	北	吉	平	吉	凶	凶	吉	平	平	吉	吉	吉	凶
09月17日	三	乙巳年 甲申月 己丑日	羊	東	吉	凶	吉	凶	平	吉	平	凶	吉	吉	平	凶
09月20日	六	乙巳年 甲申月 壬辰日	狗	南	平	吉	吉	凶	平	吉	平	平	凶	吉	凶	凶
09月22日	一	乙巳年 乙酉月 甲午日	鼠	北	凶	吉	吉	凶	平	平	凶	吉	平	吉	平	凶
09月24日	三	乙巳年 乙酉月 丙申日	虎	南	吉	吉	凶	凶	凶	吉	平	吉	吉	吉	吉	凶
09月26日	五	乙巳年 乙酉月 戊戌日	龍	北	平	吉	凶	凶	凶	平	吉	吉	吉	平	平	凶

25年10月嫁娶吉日

西曆	星期	歲次八字	沖	歲煞	子	丑	寅	卯	辰	巳	午	未	申	酉	戌	亥
10月02日	四	乙巳年 乙酉月 甲辰日	狗	南	吉	吉	平	凶	吉	平	凶	吉	平	吉	凶	凶
10月03日	五	乙巳年 乙酉月 乙巳日	豬	東	吉	吉	平	凶	平	凶	平	平	吉	吉	吉	凶
10月08日	三	乙巳年 乙酉月 庚戌日	龍	北	凶	吉	平	平	凶	平	吉	吉	吉	平	凶	凶
10月15日	三	乙巳年 乙酉月 丁巳日	豬	東	平	吉	平	凶	凶	吉	吉	吉	平	吉	吉	凶
10月16日	四	乙巳年 乙酉月 戊午日	鼠	北	凶	平	凶	吉	凶	吉	平	吉	吉	吉	平	凶
10月17日	五	乙巳年 乙酉月 己未日	牛	西	平	凶	吉	吉	凶	吉	吉	吉	吉	平	平	凶
10月18日	六	乙巳年 乙酉月 庚申日	虎	南	凶	吉	凶	平	凶	吉	吉	吉	吉	平	凶	凶
10月19日	日	乙巳年 乙酉月 辛酉日	兔	東	平	平	吉	凶	凶	吉	吉	平	平	凶	平	凶
10月25日	六	乙巳年 丙戌月 丁卯日	雞	西	平	平	吉	凶	凶	吉	吉	平	平	凶	平	凶
10月28日	二	乙巳年 丙戌月 庚午日	鼠	北	平	平	吉	凶	凶	吉	吉	吉	凶	凶	平	凶
10月30日	四	乙巳年 丙戌月 壬申日	虎	南	吉	吉	凶	吉	凶	吉	平	吉	凶	吉	平	凶
10月31日	五	乙巳年 丙戌月 癸酉日	兔	東	吉	吉	吉	凶	凶	吉	平	凶	吉	平	平	凶

25年11月嫁娶吉日

西曆	星期	歲次八字	沖	歲煞	子	丑	寅	卯	辰	巳	午	未	申	酉	戌	亥
11月06日	四	乙巳年 丙戌月 己卯日	雞	西	吉	凶	吉	吉	凶	平	吉	吉	平	凶	平	凶
11月09日	日	乙巳年 丙戌月 壬午日	鼠	北	凶	吉	吉	吉	平	凶	吉	凶	凶	平	平	凶
11月15日	六	乙巳年 丙戌月 戊子日	馬	南	平	吉	凶	吉	吉	凶	凶	平	吉	吉	平	凶
11月17日	一	乙巳年 丙戌月 庚寅日	猴	北	凶	吉	吉	吉	吉	凶	平	平	凶	平	凶	凶
11月18日	二	乙巳年 丙戌月 辛卯日	雞	西	平	平	吉	吉	平	凶	吉	平	平	凶	吉	凶
11月21日	五	乙巳年 丁亥月 甲午日	鼠	北	凶	吉	吉	平	平	凶	凶	吉	平	吉	平	凶
11月24日	一	乙巳年 丁亥月 丁酉日	兔	東	平	平	平	凶	平	凶	吉	吉	平	吉	平	凶
11月25日	二	乙巳年 丁亥月 戊戌日	龍	北	平	吉	凶	吉	凶	凶	吉	吉	吉	平	平	凶
11月27日	四	乙巳年 丁亥月 庚子日	馬	南	凶	吉	平	平	平	凶	凶	吉	吉	吉	凶	凶
11月30日	日	乙巳年 丁亥月 癸卯日	雞	西	吉	平	吉	吉	平	凶	平	凶	平	凶	吉	凶

25年12月嫁娶吉日

西曆	星期	歲次八字	沖	歲煞	子丑寅卯辰巳午未申酉戌亥
12月01日	一	乙巳年 丁亥月 甲辰日	狗	南	吉吉平平吉凶凶吉平吉凶凶
12月10日	三	乙巳年 丁亥月 癸丑日	羊	東	吉吉平平吉吉凶凶吉吉吉凶
12月22日	一	乙巳年 戊子月 乙丑日	羊	東	吉吉吉吉平凶凶凶吉吉平凶
12月26日	五	乙巳年 戊子月 己巳日	豬	東	吉凶吉平平平凶吉吉平平凶
12月29日	一	乙巳年 戊子月 壬申日	虎	南	吉吉凶吉吉吉凶吉凶吉平凶

第八章

觀音借庫

觀音借庫

每年農曆正月二十六，是一年一度「觀音借庫（開庫）」的大日子，據說在這一天觀音菩薩大開寶庫，信眾們可向菩薩「借富」，祈求保佑一年財運亨通，可以說是有求必應，那麼就讓本書為你介紹什麼叫觀音借庫，以及時間、地點、流程有何講究。

每年的正月廿六是觀音借庫的大日子！有傳觀音開庫是源自五百羅漢下凡考驗觀音修行的傳說，觀音在人間歷練時，羅漢為考驗觀音的善心，化身五百名和尚向觀音化緣討飯，最後觀音於正月廿六大開庫門派齋菜，由此演變成一年一度的觀音開庫習俗。時至今日，不少善信都會趁正月廿六前往觀音廟酬神借庫，冀向觀音大士「借到福氣」。

觀音借庫不單是指借錢，亦有借運之意，故不少打工仔會求保住工作，甚至求升職及加人工等。

觀音開庫作用觀音開庫後會有一封利是，內裡有一張寫上借庫金額的紅紙，究竟是否金額愈大就愈有財運呢？

其實此金額並不只限於財運，是由觀音去判斷要借甚麼給你，再賜予善信們不同願望，包括：財運、事業、人緣、宅運、姻緣、健康、轉運等。

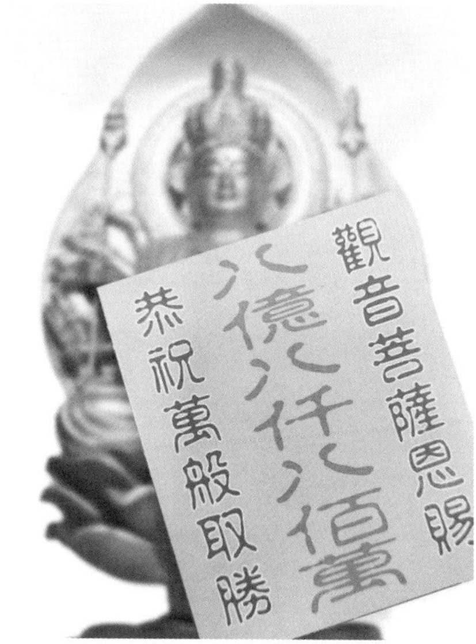

而金額大小只是個意頭，借庫金額一般由三千萬元到十億元不等，代表觀音借予的力量及運氣，並非寫上十億就借了十億。不過，借庫要有恆心，起碼需要連借三年。

觀音借庫所需物品及步驟華人廟宇委員會特別提醒，每枝細香直徑不可大於0.8厘米，長度不可超過50厘米。銅鑼灣大坑蓮花宮的點香區設於廟外，參拜善信必須在廟外指定的點香區內點香。

廟宇範圍內禁止燃點任何蠟燭及燃燒寶帛。

今年觀音借庫日期：

25年2月23日即是農曆正月廿六日，四個吉時如下：

（一） 2月23日上午1時至上午3時

（二） 2月23日上午7時至上午9時

（三） 2月23日上午11時至下午1時

（四） 2月23日下午1時至下午3時

借庫祭祀物品：

生果、鮮花、香燭、壽金、元寶、百解符、貴人符、招財寶牒、拜觀音衣紙一套。

觀音借庫步驟：

燃點蠟燭上香三炷，一共九支。如廟宇設鐘鼓，可敲打廟內鐘鼓各三下奉上大神花，預備觀音衣、招財寶牒、壽金、元寶、香燭等借庫物品心中默唸：

「現向觀音菩薩借財庫，明年一定還願」，將觀音衣冠紙寶火化添香油，並前往「金銀庫」取利是／財星令把利是／財星令放入錢包再取生菜紅包，最好食掉當中食物離開觀音廟前，再次向觀音許諾，並在年底回來酬神。

宜忌及注意事項：

借庫前後一天，應茹素，忌殺生。

出發前，宜以碌柚葉洗淨身體，及更換乾淨的衣服。

借庫時，忌衣著光鮮或穿金戴銀，亦不可以戴帽。

祭品宜以素菜、生果為佳，參拜時要保持誠心，忌胡言亂語及嬉戲借庫時，不要只顧個人利益，更要有幫人的善心 祈願不可存貪心之意，亦不可祈求違法之事。

觀音還庫祭祀物品及流程：

有借有還才是上等人！善信向觀音借庫後，記得要還庫酬謝神恩。

按照傳統，農曆一、二月便要還庫，還庫儀式並非一定要回到觀音廟，善信亦可選擇在家中或公司進行。

還庫祭祀物品：

觀音衣一套、神紅二尺、大香三支、細香一札、蠟燭一對、金花一對、金、銀壽金各一條。

觀音還庫步驟：

燃點蠟燭上香三炷，一共九支心中默念：「觀世音菩薩，弟子「信女、信男」現在還庫，本利歸還，多謝觀音菩薩保佑。」

若入廟還庫，要順序在其他神明面前上香，每香爐插香一支或三支接著將衣寶、壽金、金、銀、衣冠紙寶，連同借庫時取得的「庫錢」字條一起化掉添香油或捐款在香油箱中。

第九章

農曆新年禁忌

農曆新年禁忌

十二項年初一至初七絕對不能做的事

農曆新年是中國人最重要的節日，自小就知道要在年廿八的時候就要大掃除，清理家中雜物除舊迎新，還有一家人整整齊齊地吃團年飯、行年宵、貼揮春、拜年等等。

這些都是家家戶戶在農曆新年時會跟隨的習俗。但傳統上還有很多大大小小的過年禁忌習俗，也許我們不太認識。周師傅整理出一五項最容易遺忘的禁忌。

提醒大家小心注意，讓大家好運快快來。農曆新年的禁忌，「寧可信其有，不可信其無」，盡量注意避開這些禁忌，快快樂樂迎新年！

年初一

一．忌打破東西

記得將所有易碎的杯杯碟碟、瓷器等物品都要小心擺放。家裡有小孩子和寵物的話，就更加要小心注意。因為年初一打破東西會令整年破財破運，若真的不小心打破了，就要用紅色的紙包起來。如果家中有神位的話，就把碎片放在神桌上，等待年十五後再丟棄。

二．忌早上洗澡、洗頭

年初一早上洗澡和洗頭會把財富與財運都洗走。

三．忌叫全名催人起床

平時做事心急的朋友要注意了！大年初一不要叫別人的全名催人起床，這樣會讓對方整年都被別人催促做事。

四．早上忌吃稀飯、粥、藥

以前的年代，人們因為貧窮吃不起飯才吃粥，所以年初一吃粥，會有導致一整年都貧窮的意思。另外，初一忌殺生，所以盡可能也不要吃肉。還有就是除非生病，健康的人不適宜在這一天吃任何藥物，如維他命。

五．忌睡午覺

古訓有謂「禁晝寢」，就是勸人不要懶散，在大年初一睡午覺會影響事業運。

六．忌灑水、掃地及倒垃圾

傳統認為每家每戶都藏有福氣和財運，如果初一灑水、掃地或倒垃圾，便會將財神爺送走，亦會掃走財富與好運，所以當天不能掉垃圾。

年初二

七．送禮要成雙成對

已出嫁的女兒回娘家拜年的時候，不要送單數的回門禮，單數不吉利，所以女婿帶回娘家的禮物必須成雙成對。

八．出嫁女兒宜初二、初三回娘家

還有嫁出的女兒宜初二、初三回娘家，不要在年初一、初四和初五這幾天回娘家，否則會導致娘家家宅運不好。

年初三

九．赤口日忌外出拜年

初三為赤口日，亦稱為「赤狗日」，赤狗是「熛怒之神」，會帶來不吉！

因為農曆正月初三是凶日，不宜外出及拜年。

年初四

十・初四迎接灶王爺不宜外出

初四是民間習俗的接神日，迎接眾神明、灶王爺及家神回來守護家宅，所以不宜外出。以免家中無人接神。

年初五

十一・送窮日

初一到初四的垃圾為「財氣」，但到初五以後，垃圾便會變成「窮氣」。因此，初五要將過年期間所有的垃圾清掃乾淨，為之「送窮」，可為整年帶來好運與財運。

年初七

十二．初七諸事不宜

初七是「人日」，人們要互相尊敬，家長不要教訓孩子。另外，初七也是「七煞日」，諸事不宜，盡量不要出遠門。

派利是宜忌

蛇年到，又來到了準備派利是的時候。其實派利也是一門大學問，因為涉及「親疏與金錢比例」的問題，簡直就是一門大藝術。

年輕人收利當然開心，但如果你剛剛成家立室新手第一次派利是，又有甚麼要注意呢？另外年紀較大的單身人士又如何？離婚人士又應該如何？就等周師傅為你破解七大派利是常見問題！

一・利是金額封多少？

中國傳統講求「好事成雙」、「成雙成對」，因此封利是時緊記要封雙數的金額，以取其好意頭。

師傅提提你，因為一般白事才會封單數的金額，作為帛金，必須避免以單數為利是尾數，免得來年整年不吉利。

如果你正在煩惱派給不同人的利是金額應該如何作預算的話，師傅為大家歸納了最常大家最需要派利是的對象和建議的利是金額，大家可以參考參考！

親友及後輩 $50-$500

同事及鄰居 $20-$100

管理員 $20-$40

*以上的資料僅供參考，每人的經濟及親密的狀況不同，封利是的金額還是因應自己的財政狀況作預算，不論利是金額多少，最重要的還是藉利是向各人送上的一份新年祝福。

二・可否用舊鈔封利是？

如果你貴人事忙，沒來得及到銀行兌新鈔封利是的話，其實也可以用舊鈔封利是。不過應避免用一些太殘舊的鈔票去封利是，原因是有欠雅觀，用一些整潔新淨的舊鈔封利是也無大礙的。

三・不同人士派利是的數量？

已婚人士派雙封、離婚人士派單封如利是尾數一樣，封利是宜封雙數，因此一般人都會封雙封，取其「好事成雙」的好意頭。

四・未結婚派利是或已離婚人士派利是又如何？

新婚人士及已婚人士的慣例，是夫妻各自代表，對外派兩封。

而已離婚人士，則可以只派單封。至於年紀較大的未婚人士，一般認為不論任何年齡均不需要派利是。

不過，如果拜年時遇見家送中相熟的後輩，或是工作上的下屬，未婚人士亦大可派一封利是，以表作為長輩的心意。

五・利是封顏色？

選擇時應盡量避用白色藍色。現在利是封的花款多變，除了最傳統帶吉祥寓意的紅色外，還有不少其他顏色可供選擇，但要留意，有些顏色是不宜選擇，以免有不吉利的寓意。例如：藍色、白色和綠色的利是封就盡量避免使用，因為中國傳統中，以上三種顏色都帶有喪殯的意味。

另外利是的款式亦避免選用往年的生肖，如今年是虎年就要避免使用「牛年」款式的利是封。

除此之外要避免使用二手利是封，因為有好運已被打開的感覺。師傅建議可以買沒有姓氏和生肖的淨色款式利是封，每年的可用度便會大大提高。

六・回禮利是？

可以封 $20。如親友拜年時有送上新年禮物以表心意，你需要封回禮利是，寓意「有來有往」以表謝意。一般回禮利是會封$20或$50，金額隨每人經濟狀況自行決定。

七．遇白事百日內不能派利是？

如果家中不幸在新年期間有白事，則不宜到親友家作客拜年及派利是，以免將「衰運」帶給他人。傳統一般認為，要在白事後的一百天後，才可以派利是，反過來說，如新年初一前倒數一百天內遇有白事，都最好別派利是。

八．利是派到幾時？

農曆新年由年初一至正月十五元宵為止，所以派到正月十五就不用再派利是。而拆利是則有兩種說法，有人選擇在初七人日拆，有人選擇在正月十六拆。

第十章

簡易五行六合財秘法

（僅供參考）

選擇旺財風水月買六合彩（農曆計算）

每人出生的年份就是屬於自己的命主生肖。在八字淺論中不同的生肖，在某些月份會特別旺財，如果買六合彩想更大機會中獎，就可以選擇在這些特別旺財的月份多買六合彩。

十二生肖各有五行所屬：

生肖屬【鼠】的五行屬【水】
生肖屬【牛】的五行屬【土】
生肖屬【虎】的五行屬【木】
生肖屬【兔】的五行屬【木】
生肖屬【龍】的五行屬【土】
生肖屬【蛇】的五行屬【火】
生肖屬【馬】的五行屬【火】

生肖屬【羊】的五行屬【土】
生肖屬【猴】的五行屬【金】
生肖屬【雞】的五行屬【金】
生肖屬【狗】的五行屬【土】
生肖屬【豬】的五行屬【水】

在八字五行當中，十二月份的五行，是這樣子的（農曆計算）：

一月地支屬【寅】五行屬【木】
二月地支屬【卯】五行屬【木】
三月地支屬【辰】五行屬【土】
四月地支屬【巳】五行屬【火】
五月地支屬【午】五行屬【火】
六月地支屬【未】五行屬【土】
七月地支屬【申】五行屬【金】

八月地支屬【酉】五行屬【金】
九月地支屬【戌】五行屬【土】
十月地支屬【亥】五行屬【水】
十一月地支屬【子】五行屬【水】
十二月地支屬【丑】五行屬【土】

當大家都知道，農曆十二個月份的五行之後，便可以跳進最後一步推算每個生肖的財月。

五行當中，以**生肖剋者為財**（剋者為財：木剋土。火剋金。土剋水。金剋木。水剋火）例如：生肖屬鼠，生肖五行屬水，從五行相剋原理來說，水剋火，所以火月便是肖鼠命人的財月。

四月（巳月）及五月（午月）都屬於火月，所以肖鼠人的財月，就是四月及五月，肖鼠人買六合彩，便應該主攻四月及五月，或在這些月份比其它月份多買一些六合彩。

就以上資料，把所有十二生肖命主的財月（農曆計算），都分析了並在下文列出，以供各位讀者參考：

鼠命人，財月在四、五月。

牛命人，財月在十、十一月。

虎命人，財月在三、六、九、十二月。

兔命人，財月在三、六、九、十二月。

龍命人，財月在十、十一月。

蛇命人，財月在七、八月。

馬命人，財月在七、八月。

羊命人，財月在十、十一月。

猴命人，財月在一、二月。

雞命人，財月在一、二月。

狗命人，財月在十、十一月。

豬命人，財月在四、五月。

二〇二五蛇年每日偏財運方位

麻雀撲克（賭博方位）應用說明：

（一）方位指自然方位。

（二）決定輸贏的因素除了偏財位，還與牌桌環境風水有關。如果當日偏財位的環境風水較差，別人背對門、靠廁所衛生間間，風水差慎用。

一命二運三風水，出來風水財運之外，當然還受個人財運影響，但偏財位催旺亦會有助財運。

2025 年 2 月【每日偏財運方位】						
日	一	二	三	四	五	六
						1 東北
2 西北	3 正西	4 正北	5 正北	6 正東	7 西北	8 正西
9 正南	10 東北	11 東南	12 西北	13 正西	14 正北	15 正南
16 正西	17 東南	18 正南	19 正南	20 東北	21 西南	22 西北
23 正西	24 正北	25 正西	26 正東	27 東北	28 正東	

2025 年 3 月【每日偏財運方位】						
日	一	二	三	四	五	六
						1 西北
2 東北	3 西南	4 西南	5 正南	6 正北	7 正東	8 正東
9 東北	10 正南	11 正東	12 東北	13 西北	14 東北	15 正西
16 正北	17 正北	18 正北	19 東南	20 正東	21 正南	22 西北
23 西南 / 30 正西	24 東北 / 31 正西	25 正西	26 正北	27 正西	28 正西	29 東南

★紅字為公眾假期

2025 年 4 月【每日偏財運方位】

日	一	二	三	四	五	六
		1 正東	2 東北	3 西北	4 正西	5 正西
6 正東	7 正東	8 東北	9 正北	10 正南	11 東北	12 西南
13 西北	14 正西	15 正北	16 正西	17 正東	18 東北	19 正南
20 正北	21 東北	22 西南	23 西北	24 正西	25 正南	26 正北
27 正東	28 西南	29 正東	30 正東			

2025 年 5 月【每日偏財運方位】

日	一	二	三	四	五	六
				1 西南	2 西北	3 東南
4 正西	5 正北	6 正西	7 正東	8 東南	9 正南	10 正南
11 東南	12 西北	13 西北	14 正東	15 正北	16 正北	17 正東
18 東南	19 正東	20 正東	21 東北	22 西北	23 西北	24 正西
25 正北	26 正北	27 東南	28 東北	29 正南	30 正南	31 東北

★紅字為公眾假期

2025 年 6 月【每日偏財運方位】						
日	一	二	三	四	五	六
1 東北	2 西北	3 正西	4 正西	5 正北	6 正東	7 東北
8 正東	9 西南	10 東北	11 東南	12 西北	13 正西	14 正西
15 正東	16 正東	17 東南	18 正南	19 正南	20 東北	21 東南
22 西北	23 正西	24 正北	25 正東	26 正東	27 東南	28 正東
29 正東	30 東北					

2025 年 7 月【每日偏財運方位】						
日	一	二	三	四	五	六
		1 西南	2 西南	3 正西	4 正北	5 正北
6 正南	7 東北	8 正南	9 正南	10 東北	11 東北	12 西北
13 正西	14 正南	15 正北	16 東南	17 西南	18 正南	19 正南
20 東北	21 東南	22 西北	23 正西	24 正東	25 正北	26 正東
27 東南	28 正南	29 正南	30 正東	31 東北		

★紅字為公眾假期

2025 年 8 月【每日偏財運方位】

日	一	二	三	四	五	六
					1 東南	2 正西
3 正北	4 正西	5 正南	6 東南	7 正南	8 正南	9 東北
10 東南	11 西南	12 正西	13 正北	14 正北	15 正東	16 東南
17 正南	18 正南	19 西北	20 西南	21 西北	22 正西	23 正南
24正西 31東南	25 正東	26 東南	27 正南	28 正南	29 東南	30 西南

2025 年 9 月【每日偏財運方位】

日	一	二	三	四	五	六
	1 正東	2 正南	3 正東	4 正東	5 東南	6 正南
7 正南	8 西北	9 西北	10 西北	11 正西	12 正北	13 正北
14 正東	15 東南	16 正西	17 正南	18 東北	19 西南	20 正西
21 正西	22 正西	23 正北	24 東北	25 東南	26 正南	27 正北
28 西北	29 西北	30 東北				

★紅字為公眾假期

2025 年 10 月【每日偏財運方位】						
日	一	二	三	四	五	六
			1 東南	2 正北	3 正東	4 正東
5 東南	6 正東	7 正南	8 東北	9 西南	10 西北	11 正西
12 正東	13 正北	14 正北	15 東南	16 正南	17 正南	18 西南
19 西南	20 西北	21 正西	22 正西	23 正北	24 正東	25 東南
26 正西	27 正南	28 西北	29 東南	30 東北	31 正北	

2025 年 11 月【每日偏財運方位】						
日	一	二	三	四	五	六
						1 正東
2 正北	3 正東	4 東南	5 正南	6 正南	7 東南	8 西南
9 西正	10 正西	11 西北	12 西北	13 正西	14 東南	15 正南
16 正東	17 東北	18 西南	19 西南	20 正東	21 正北	22 正北
23東南 30正西	24 東南	25 正南	26 正南	27 東北	28 西南	29 正西

★紅字為公眾假期

2025 年 12 月【每日偏財運方位】

日	一	二	三	四	五	六
	1 正西	2 正北	3 正北	4 東南	5 正南	6 正南
7 東北	8 東北	9 西北	10 正西	11 正北	12 正東	13 正東
14 西南	15 正南	16 東南	17 東北	18 西南	19 西北	20 東南
21 正北	22 正北	23 正東	24 東北	25 正北	26 正南	27 東北
28 東南	29 西北	30 正西	31 正東			

2026 年 1 月【每日偏財運方位】

日	一	二	三	四	五	六
				1 正北	2 正南	3 東南
4 正北	5 正南	6 西南	7 西南	8 西北	9 正南	10 正北
11 正北	12 正東	13 西南	14 正東	15 正南	16 東北	17 西南
18 西北	19 正西	20 正北	21 正北	22 正西	23 東北	24 正北
25 正南	26 東北	27 西北	28 西北	29 正北	30 正北	31 正南

★紅字為公眾假期

風水
九運如何佈局催旺財？
退氣樓是否代表失運？
廁所開正財位怎麼辦？
大門見煞如何化解？
哪些格局損健康？
如何化破爛桃花？
如何用植物佈局旺升職？
立即預約：（+852）9027 0655

命運可信不要迷

「命」要信，但不要迷。命運沒有絕對的，如果一切都是命注定，不可挽救的話，那麼我們就不必研究命理了。人生中就像下棋，每一個決定，都會影響著下一步。常言道：「一步錯、步步錯。」唯有知己知彼，才能令自己立於不敗之地。由命理中了解自己，預防勝於治療，不要等到事情發生後，才去問天、問命，乞求改變命運。

預約批命：(+852) 9027 0655

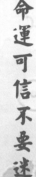

周璞初風水命理

八字班招生

八字是中國最歷史悠久的術數之一，以出生的年、月、日、時解釋人的個性、婚姻、事業、健康及六親等關係。

周璞初師傅經過多年對子平八字的鑽研，再從現代角度、哲學概念，運用變通星及命局之強弱去分析人生。

課程由淺入深，使學員能容易掌握技巧。

查詢電話：（+852）9027 0655

周璞初風水命理

各服務潤金一覽

批命服務

八字批命流年	$500

擇日服務

擇日擇時開刀產子	$1800
商舖開張擇日	$1800
商業開張擇日	$1800
搬遷入伙擇日	$1000
結婚擇日	$1000

（包擇日大喜日子、安床、上頭、出門等日子及時辰）

命名服務

嬰兒命名	$1000
成人改名	$1200
藝名命名	$1500
商舖起名	$1800

風水服務

商業風水	$10/ 呎 *$3000 起
住宅風水	$8/ 呎（實用面積） *$2000/ 起
風水選址	住宅 $2300
	商舖 $3300(只限同日上午或下午進行)

相館地址：九龍漆咸道南 87 號尖沙咀百利商業中心 6 樓 618 室
預約電話：+852 9027-0655
電郵：chowpcfengshui@gmail.com
網址：chowpcfengshui.com

璞初堂

一站式風水用品百貨專門店

出售皇牌增運【七色花水】
及
各類風水用品

地址：九龍漆咸道南 87 號尖沙咀百利商業中心 1 樓 38A 室
預約電話：+852 9027-0655

璞初2025蛇年運程

者 ／ 周璞初
話 ／ 852-9027 0655
址 ／ 九龍漆咸道南87號尖沙咀百利商業中心6樓618室
址 ／ https://chowpcfengshui.com　email : chowpcfengshui@gmail.com
尋 ／ @周璞初 / facebook & IG : @chowpcfengshui

版 ／ **才藝館**（匯賢出版）
地址：新界葵涌大連排道144號金豐工業大廈2期14樓L室
Tel : 852-2428 0910　Fax : 852-2429 1682
web : https://wisdompub.com.hk　email : info@wisdompub.com.hk
facebook / google : wisdompub

查詢 ／ Tel : 852-9430 6306《Roy HO》

發行 ／ **一代匯集**
地址 : 九龍旺角塘尾道64號龍駒企業大廈10樓B & D室
Tel : 852-2783 8102　Fax : 852-2396 0050
facebook : 一代滙集　email: gcbookshop@biznetvigator.com

發行 ／ **青揚發展有限公司**
地址 : 香港九龍觀塘海濱道143號航天科技中心13樓
web : www.great-expect.com　email : cs@century-china.com.hk
電話 : +852-3443 2211　傳真 : +852-2707 0308

次 ／ 2024年9月版
價 ／ (平裝) HK$88.00　(平裝) NT$450.00
書號 ／ ISBN 978-988-75522-8-4
類別 ／ 風水運程

©周璞初
All Rights Reserved　版權所有・翻版必究
未經本公司同意，不得以任何方式作全部或局部之翻印、仿製或改寫轉載
Nothing may be reprinted in whole or part in without written permission

聲明：本書刊的資料只為一般資訊及參考用途，雖然編者致力確保此書內所有資料及內容之準確性，但本書不保證或擔保該等資料均準確無誤。本書不會對任何因使用或涉及使用此書資料的任何因由而引致的損失或損害負上任何責任。此外，編者有絕對酌情權隨時刪除、暫時停載或編輯本書上的各項資料而無須給予任何理由或另行通知。

書如有破損或缺頁，請寄回出版社更換。